ペリー提督は吉田松陰を絶賛していた

原典で読む外国人が見た日本

Commodore Perry was raving about Shoin Yoshida

髙橋知明
Tomoaki Takahashi

育鵬社

はじめに

自分の顔は自分では分かりません。鏡を見て初めて分かるものです。それと同様に、外国に旅行したり、外国人から何かを指摘されて、初めて自分では分からなかったことに気付くことがあります。

本書は、幕末から昭和までの間に来日した、二十五人の外国人の記録の邦訳を「原典」としてきちんと読み、心に残った箇所を抜き書きしたものです。

しばしば日本人は何か語ると、それは保守だ、リベラルだ、中道だというふうに、周囲から自分の考えをカテゴライズされることがあります。しかし、本書で紹介する内容は、第三者である外国人が日本の社会や日本人の姿を見て率直に語ったこと。私たちが普段当たり前と思っていることでも、外国人から見れば'Amazing!'と称賛せずにはいられない価値のあることだったと、逆に驚かされます。

この本でひもといた外国人の記録を読めば、おそらく、私たちが大切にしたいこの国の心や価値観、あるいは日本の国とはどのような国なのか、日本人とはどのような特質を持つ国民なのか、普段はあまり考えもしないそういったことに、自然と気付かされるのではないかと思います。鏡を見て初めて自分の顔が分かるように。

読み終えた時には、きっと自分と自分の祖先に誇りを持てる顔になっていることでしょう。

そして、私たちがこれからの社会のために為すべきことの一つが、きっと見つかることと信じています。

◉目次

1

「この日本人の性向を見れば、この興味深い国の前途はなんと可能性を秘めていることか」

マシュー・C・ペリー（一七九四〜一八五八）　アメリカ海軍司令官。東インド艦隊司令長官として、嘉永六（一八五三）年、軍艦四隻を率いて浦賀に来航。日本に開国を迫り、翌年再び来航、日米和親条約を締結した。著書『ペリー提督日本遠征記』（上下巻）、宮崎壽子監訳、角川ソフィア文庫、二〇一四年

大航海時代以降、西洋諸国は非西洋人を人間として決して同等に見ることなく、支配されるべきものとして世界に進出し、植民地にして隷属させていきました。十八世紀の産業革命以降は、安い原料の確保と自国の商品を売る市場を求め、競うようにアジアに進出しました。彼らは強大な軍事力を背景に、インド、ベトナム、清へと進出し、十九世紀末にはアジアのほぼ全域が西洋列強の植民地あるいは半植民地となってしまいます。

この頃アメリカは西部開拓を進めて領土を拡大する一方、海にも出て行きます。

国際捕鯨交渉などでタフネゴシエーターとして活躍した小松正之氏によると、この時代はまだ石油が登場しておらず、西洋諸国は鯨を食べるためではなく、鯨油を搾り取るために際限のない乱獲を繰り返していました。アメリカの捕鯨船は特に十八世紀後半から拡大の一途を辿り、米近海や大西洋の鯨資源をとりつくすと、今度は本格的に太平洋へ出て、一八二〇年代には日本周辺海域にまで進出します。日本近海はマッコウクジラの資源量が豊富で、アメリカは「ジャパングラウンド」と命名し、約五百隻とも言われる捕鯨船団を繰り出していました。しかし、鯨から鯨油を搾り取るためには大量の薪と水が必要です。当然、乗組員の水や食料も必要でした。さらに、日本近海は荒れることが多く、遭難事故も多数発生していました。

同時にアメリカは中国との貿易を見据えていました。前出の小松正之氏は、アメリカは米西海岸から中国までシーレーンを造り上げようとしていたと指摘していますが、その途中にあるのが日本であり、小笠原であり、琉球（沖縄）です。ペリー艦隊は日本に来る途中、小笠原を詳しく調査し、特に琉球には前後五回も訪れるほど重視しています。鯨油を獲得するにしても貿易を行うにしても、広い太平洋では中継地が必要です。小笠原、琉球を含め、日本はその絶好の位置にありました。

『ペリー提督日本遠征記』（以下、ペリー遠征記と略す）は、そうした大きな流れの中で起きた黒船来航を中心に、ペリー艦隊の活動が記録されています。ペリー遠征記は、ペリー自身が書いたものではありませんが、ペリーや乗組員たちの日誌や報告書などを元に、ホークスという歴史家がまとめたものです。ペリー自身も監修に当たり、最終的にはアメリカ議会に提出された公式記録です。

「いかなる結果になろうとも、十分な武力を持って上陸し、自ら親書を捧呈する」

さて、ペリーと言えば、幕末に、アメリカの東インド艦隊司令長官として、軍艦である黒船を率いて二回にわたって来日し、圧倒的な軍事力を背景に、強引かつ一方的な条件で日本を開国させたという印象をお持ちの方が多いと思います。全国で最も採用されている東京書籍の中学歴史教科書にはこう書かれています。

「1853年、ペリーは四隻の軍艦を率いて浦賀（神奈川県）に来航し、日本の開国を求める大統領の国書を幕府に受け取らせました。……1854年、再び来航したペリーの軍事的な圧力を前に、幕府は日米和親条約を結び、下田（静岡県）と函館（北海道）の2港を開き、アメリカの領事を下田に置くこと、アメリカ船に食料や水、石炭などを供給することを認めました。こうして長い間続いた鎖国体制がくずれ、日本は開国することになりました」

歴史学者の加藤祐三氏によると、最初の来航時、黒船は巨大な破壊力を持つ大砲を計六十三門搭載していました。また、黒船四隻は蒸気軍艦二隻、帆船軍艦二隻で編成されていましたが、アメリカの蒸気軍艦は当時世界最大・最新鋭の軍艦でした。

そんな強大な武力を背景にペリー艦隊は、江戸湾の入口にあたる浦賀に碇泊し、測量まで行ったばかりか、江戸に近い場所で責任ある高官が国書を受け取らなければ「いかなる結果になろうとも、十分な武力を持って上陸し、自ら親書を捧呈する」(ペリー遠征記)と恫喝しました。

さらに、測量艇を蒸気軍艦ミシシッピ号に護衛させ、江戸湾の奥深くまで侵入しました。歴史学者の井上勝生氏によると、江戸湾の奥深くとは羽田沖一・三キロメートルの辺りで、もし竹芝沖まで侵入すれば江戸城が射程に入るところだったといいます。こうしたペリー艦隊の行動は、当時の日本の国法にも、また、当時の国際法にも違反するものでした。

実際の行動がそういうものでしたから、今挙げたようにペリー遠征記には日本側を脅す場面が随所に出てきます。

また、ペリーをはじめ本書に登場する外国人は、ケンペル、ゴローニン、シーボルトなど過去に来日した外国人の記録を熱心に学習した上で日本に来ているのですが、とはいえ基本的に日本は非文明国だという固定観念を牢固として持っていました。従って、自国を「文明国」として、日本人を未開で野蛮な遅れた連中だと見下すような記述が随所に見られます。例えば、嘉永七年の二回目の来航時、ペリー側は幕府への贈り物として鉄道や電信機などを贈ります。幕府側はその返礼として多数のものを贈りますが、そのうち米俵二百俵は力士たちに運ばせた上で相撲の取り組みを披露します。その場面をペリー遠征記はこう記しています。

「それは日本役人側の厭うべき見世物と、より高度な文明が提示するものとの、絶妙な対比をなしていた。粗暴な獣のような力を誇示する代わりに、それは啓蒙の不十分な国民に対して、科学と進取の精神の成果を意気揚々と示すものだった」

本当に胸の悪くなる記録です。「だったら、なんでこんな本を取り上げるのか？」と思われるかもしれません。

しかし、ペリー遠征記というのは、実はこんな記録ばかりではないのです。ずんずん読み進めて行くと、今挙げた例とは逆に、日本人の資質を高く評価し、その立居振舞から勤勉な仕事ぶり、生活や文化に至るまで、とても好意的に記録している場面がたくさん出てきます。これは私自身、本当に意外なことでした。

ペリー遠征記に限らず本書で扱う外国人の記録は、素直に日本・日本人の美点を評価している部分もありますが、どちらかといえば、自分たちの視点で半ば腐しながらも、日本・日本人を高く評価する、という特徴があるように感じています。一見矛盾するようですが、これはむしろ、現実の日本・日本人は、彼らの頭の中にある固定観念とは異なっていた、ということを物語っているのではないでしょうか。日本にやって来て、実際に見た日本・日本人は、ただ見下して済ませることができない存在だった、認めざるを得ない魅力がそこにはあった。未開の遅れた国と思っていたはずの日本を実際に見て瞠目する欧米人の姿が、私にはとても興味深く映りました。

以下ではそうした観点から、ペリー艦隊が見た幕末の日本を見ていきたいと思います。

「近寄ってきた二人を見て、この日本人が地位と身分のある人物であることが分かった」

言うまでもなく、黒船来航は日本史を画する大事件でした。その大事件の中でも日本人として特に注目しておきたい出来事が、幕末の英傑、吉田松陰が国禁を犯してまでアメリカへ渡航しようとしたことです。実はこの時ペリー提督は、吉田松陰の行動を絶賛しているのです。

このことはなぜか一般に取り上げられないため、私も長い間知らなかったのですが、ペリー遠征記を読んで瞠目しました。後で調べてみると、さすがに歴史学者の研究ではきちんと指摘されていましたが……。

吉田松陰は長州藩士・杉百合之助の次男として生まれ、五歳の時に叔父の吉田大助の養子となります。大助は山鹿流兵学を修め、藩の兵学師範を務めていました。しかし、まもなく大助が急逝し、松陰はわずか六歳で吉田家を継ぐことになります。その後は兵学師範となるため、やはり叔父の玉木文之進に厳しい指導を受けますが、その甲斐あって、十一歳の時に藩主毛利慶親の御前でおこなった講義は、慶親をいたく感激させるほど見事なものだったといいます。

そんな松陰が西洋に目を開いたのは、嘉永三（一八五〇）年の平戸遊学の時でした。国際政治学者の栗田尚弥氏によると、この時、松陰は西洋事情に詳しい兵学者の葉山佐内に指導を受けるとともに、清国の思想家魏源《ぎげん》の著作に出合います。魏源は『聖武記附録』など一連の著作で、海外の情勢を理解していないことがアヘン戦争の敗北を招いたと強く反省しているのですが、当時はまだ西洋を甘く見ていた松陰は、これに強い衝撃を受けます。

これを契機に、松陰はフランスの砲兵将校ペキサンスの『百幾撒私』『台場電覧』などの兵学書を読み、西洋の兵器（ボンベカノン、蒸気船等）と日本の兵器（和流大砲、木造船等）との戦力差を痛切に認識します。そして遊学から帰ると藩庁に上申書を提出し、西洋各国の戦略や五大洲（世界）の情勢を知ることの必要性を説くに至るのです。

さらに、嘉永六年の黒船来航時、松陰は江戸にいましたが、江戸から浦賀へ急行し、黒船を視察。その時も藩主に上申書を提出し、西洋の進んだ兵器・兵制を採用して国防を強化すべきことを説いています。

さて、話はいよいよここからです。ペリー来航の一カ月半後、今度はロシアのプチャーチンが長崎に来航します。松陰が自ら海外へ渡ることを決意したのはこの時でした。

松陰は魏源の「夫《そ》レ外夷《がいい》ヲ馭《ぎょ》スル者ハ、必ズ先ジ夷情《いじょう》ヲ洞フ」という言葉を佳語と評していますが、結局、このままでは清のように列強に侵略されてしまう。そうならないために彼らの先進的な知識や技術を取り入れ、対抗できる力を持つのだ、と考えたのではないでしょうか。

しかし、三代将軍家光の時代に定められた掟により、海外渡航は厳禁、破れば死罪とされていましたから、それを決意したのは余程の覚悟でした。もっとも、江戸から長崎へ向かい、十月下旬に到着した時、プチャーチンは一足違いで出航した後でした。

ところが、来年また来ると言っていたペリー艦隊が、嘉永七年一月、今度は七隻〔最終的には九隻〕の黒船を率いて再来航します。この機を捉え、松陰は一番弟子の金子重之助と共に、ペリー艦隊に接触するのです。嘉永七年三月のことでした。

まず下田郊外を視察していたペリー艦隊の乗組員らに近づき、折を見て士官に手紙を渡します。それを受け取ったペリー側は、二人の立派な姿に感心します。

「近寄ってきた二人を見て、この日本人が地位と身分のある人物であることが分かった。いずれも高い身分を示す二本の刀を帯び、幅広で短い立派な錦襴《きんらん》の袴《はかま》をはいていた。彼らは上流階級に共通する礼儀正しく洗練された物腰をしていた」

そして、松陰がペリー側に渡した手紙には、海外渡航への強い意志が記されていました。

「われらは武器の使用に習熟せず、兵法や軍隊を論じることもできず、些々たる用務と怠惰な逸楽のうちにいたずらに歳月を過ごしてきました。しかしながら、われらは書物を読み、風聞によりヨーロッパとアメリカにおける習慣と教育をいささか知りましたので〔風教を聞知し〕、長年の間『五大陸』〔五大州〕を周遊したいと願っておりました。……ただ『たえざる衝動のうちに胸中を揺れ動く』〔勃々然として心胸の間に往来し〕ばかりでありました」

翌日の夜中、二人は小舟で海に出て、下田沖に碇泊していたペリー艦隊旗艦ポーハタン号に漕ぎ着けます。そして、何とか乗り込みに成功すると、海外渡航を必死に懇請するのです。

しかし、ペリー側は、松陰らの受入れを条約締結後の混乱を避けるため拒否。松陰はその大望を果たすことができませんでした。海岸へ返された二人は自首し、牢屋に入れられます。

「この日本人の性向を見れば、この興味深い国の前途はなんと可能性を秘めていることか」

それでも松陰は、一縷の望みをかけ、後日その牢屋を訪れたペリー艦隊の乗組員に、板切れに書いた次の文章を渡します。

「日本六十州を自由に踏破しても、わが大望満たされず、われらは五大州の周遊を希求した。これこそ、われら多年の心願であった。突如、わが企図はくじかれ、狭い檻に閉じ込められ、飲食も、休息も、安座も、睡眠もままならぬ。われらはこの窮境をいかにして脱しえようか。泣けば愚人と見られ、笑えば悪漢と見なされる。ああ、われらには沈黙あるのみだ」

この松陰の文章について、ペリー遠征記は「この文章はカトー〔ローマの政治家〕にも比すべき冷徹さを試される状況での、哲学的な諦念《ていねん》の注目すべき見本として、ここに記載すべき価値がある」と記しています。アメリカ議会に提出された公式記録に、松陰の文章がこのように高く評価され、収録されているのです。

極めつけは、ペリー提督の松陰評です。国禁を犯してまで海外渡航を試みた松陰の行動を問近に見たペリーは、次のように絶賛しています。

「提督は、自分がこの事件をまったく些細なこととみなしていると役人に印象づけるよう注意深く努力して、この犯行に科される刑罰が軽減されるよう望んだ。この事件は、知識を増すためなら国の厳格な法律を無視することも、死の危険を冒すことも辞さなかった二人の教養ある日本人の激しい知識欲を示すものとして、実に興味深かった。日本人は間違いなく探求心のある国民であり、道徳的、知的能力を広げる機会を歓迎するだろう。あの不運な二人の行動は、同国人の特質であると思うし、国民の激しい好奇心をこれほどよく表しているものはない。その実行がはばまれているのは、きわめて厳重な法律と、法に背かせまいとする絶え間ない監視のせいにすぎない。この日本人の性向を見れば、この興味深い国の前途はなんと可能性を秘めていることか、そして付言すれば、なんと有望であることか！」

「死の危険を冒すことも辞さなかった」とあるように、ペリー提督は松陰の覚悟を分かっていたのでしょう。また、松陰の極めて旺盛な進取の気質を日本人の国民性の象徴として捉えたのも、ペリー提督にとっては別に突拍子なことでも何でもありませんでした。

というのは、条約交渉が始まってから、ペリー艦隊には折衝や物資補給などのために日本の高官、役人、労働者らが毎日訪れていました。ペリー遠征記はその様子を記しています。

「日本人はいつでも異常な好奇心を示し、それを満足させるのに、合衆国からもたらされた珍しい織物、機械装置、精巧かつ新奇な発明品の数々は恰好の機会を与えた」

「艦隊を訪れた役人と従者たちは片時も休まず、隅から隅までのぞいてまわり、大砲の大砲口をのぞき込み、珍しそうに小銃を検査し、索をいじり、ボートを測り、機関室を熱心に眺め、巨大な蒸気機関を動かすために忙しく働いている機関士や職工の一挙手一投足に注目した」

ペリー提督はこうした姿を見ていたからこそ、「あの不運な二人の行動は、同国人の特質であると思うし、国民の激しい好奇心をこれほどよく表しているものはない」と言い切ったのだと思うのです。

事件後、幕府の裁断で二人は死罪は免れますが、国元の萩へ送還され、牢獄に入れられます（金子は獄死）。松陰はやがて牢獄を出て自宅謹慎となり、玉木文之進が開いていた松下村塾を引き継ぎますが、最終的には安政の大獄で処刑され、三十年の短い生涯を終えます。

しかし、松下村塾ではわずか一年余という短い間に、久坂玄瑞、高杉晋作、伊藤博文、品川弥二郎、山田顕義など、多くの塾生を骨の髄まで感化しました。松陰の志を継承した彼らは、激動の幕末を駆け抜け、明治日本の柱石となっていきます。

「日本人は鉄を炭化することをよく理解しており、鋼鉄の鍛錬もたいていは良好である。そのことは刀の刃の光沢と鋭さを見れば分かる」

ペリー遠征記が高く評価するのは吉田松陰だけではありません。彼らは日本の風景、家、女性、絵画から、日本人の職人技、日本人の清潔さ、親切で忍耐強い国民性なども好意的に記録しています。ここではそのいくつかを見ていきたいと思います。

まず、日本人の職人技です。ペリー艦隊は幕府から贈られた陶器や漆器など工芸品について、その見事さと、それを作る職人の高い技術に感心しています。

「贈り物は日本製品で、みごとな錦と絹布、日本の漆器、たとえば重箱、卓、盆、盃など、すべて精巧な細工と優美な艶出しで仕上げられており、陶器の碗はすばらしい輝きと透明感を帯びていて、金と多彩な色で模様や花が描かれ、その技法は評判の中国陶器にも勝るものがあった」

また、ペリー艦隊は念願の江戸には遂に上陸できませんでしたが、日米和親条約締結後、開港が決まった箱館と下田を訪れ、そこで日本社会の様子や日本人の生活ぶりを目の当たりし、詳細に記録しています。

例えば、箱館に上陸した時は日本の家屋や切石を見て、次のように記しています。

「家屋内の木工建造物に見られる大工の熟練の技量、たとえば接合の正確な調整となめらかな仕上げ、整然とした床張り、窓、引き戸、障子などのきちんとした取り付けと滑りのよさは、すべてのアメリカ人の称賛の的だった」

「建物全体の設計は画一的で、昔の様式にならっているものらしく、疑いなく政府が定めた規格内に創造の才が制限されていることを示しているが、細部の仕上げには、経験の蓄積によってこそ得られる完璧さが表れていた。大工と同じく、石工にも、自由で大胆な着想はなかったが、その出来栄えはきわめて完全だった。石はみごとに切ってあり、壁は一般に大きなキュクロプス式の石積みで、堅固に整然と造られていた」

なかでも、私が注目したのは、刀と水道に関する記録です。箱館の街を散策していた時、ペリー艦隊の乗組員たちは日本刀に興味を示し、次のように語りました。

「日本人は鉄を炭化することをよく理解しており、鋼鉄の鍛錬もたいていは良好である。そのことは刀の刃の光沢と鋭さを見れば分かる」

短い記述ですが、重要な指摘です。

私の母校、國學院大学には、「梅干し博士」として知られる樋口清之先生がいらっしゃいました。先生の代表的な著作『梅干と日本刀――日本人の知恵と独創の歴史』（祥伝社）によれば、西洋人は第二次世界大戦後でも、日本刀を作る技術を真似できなかったといいます。

鉄を自由に扱うには、高温を出す燃料が必要です。西洋にはコークスがあり、千八百度の熱を出すことができましたが、昔の日本には、一番温度が高くなる燃料で木炭（松炭）の千二百度が限界でした。

そこで生まれたのが「鍛える」という技法です。絶妙な智慧と技とを以て、叩き、焼き入れ、水に入れるなどの行程を繰り返し、柔軟性があり、切れ味が良く、西洋も決して真似のできない完璧な刃物を作ったのです。

このような優れた刃物は戦後でも真似できなかったというのですから、江戸時代に来日したペリー艦隊が日本刀に驚いたのも当然でしょう。ちなみに、現代でも海外からの観光客に人気のお土産の一つに、庖丁があります。日本刀を作る技術が時を越えて外国人を魅了しているのは、興味深いですね。

「町を建設した人々の衛生や健康面への配慮は、わが合衆国が誇りとする進歩をはるかに上回っていた」

もう一つの水道については、やはり箱館で街の排水設備が充実していることに気付いた場面が出てきます。

「街路の両脇には広い溝があり、家々の排水や街路の水がその中に流し込まれる。立派に作られた下水溝もあり、余分な水や廃物がここを通って湾内に流れ込んでいる。……箱館はすべての日本の町と同じく非常に清潔で、街路は排水に適するように作られ、たえず水を撒いたり掃いたりして、小ぎれいで衛生的な状態を保っている」

話は前後しますが、これは箱館の前に訪れた下田でも同じでした。

「下田は文明の進んだ町であることが見てとれ、町を建設した人々の衛生や健康面への配慮は、わが合衆国が誇りとする進歩をはるかに上回っていた。排水溝だけでなく下水道もあり、汚水や汚物はじかに海に流すか、町中を流れる小川に流し込んでいる」

彼らの頭の中には、日本は非文明国という固定観念があったと思いますが、現実に歩いてその目で見た下田は、「わが合衆国が誇りとする進歩をはるかに上回っていた」と言わざるを得なかったのです。

歴史作家の堀口茉純氏は、生活用水や雨水を堀や川へ排水して海へ流す仕組みが江戸時代初期（十七世紀半ば）には完成していたと指摘し、トイレで用を足すのが当たり前だった江戸日本と、そうではなかったヨーロッパの違いについて解説しています（『江戸はスゴイ』）。

「同時代のヨーロッパ諸国では、屎尿は下水や側溝に流すか、路上に垂れ流すのが基本。当時の女性たちのスカートが胸から下が膨らむようになっているのは、立ったまま路上で排泄行為がしやすいようにするためだそうだし、ハイヒールもなるべく路上の汚物を踏まないように普及したという説がある。

こういった状態がコレラやペストといった伝染病の温床となり、パンデミック（感染症の爆発的流行）を生み出していたことはいうまでもない。江戸にこの類の問題が少なかった理由の一つは、清潔なトイレ事情が関係していたと考えて間違いない」

参考までに、もう一方の上水はどうだったかといえば、江戸では世界に先駆けて上水が供給されていたという事実があります。元国会図書館海外事情調査室長の渡辺善次郎氏は、次のように語っています（『明日への選択』平成二十五年二月号）。

「十七世紀に本格的な上水道があったのは西洋ではロンドンだけです。それも週に三日、一日の給水は七時間ほどでした。パリやニューヨークで上水道ができるのは十九世紀のことです。それに対して、江戸の上水道は家康の江戸入府に前後して工事が始まり、寛永六年（一六二九）には神田上水、承応三年（一六五三）には玉川上水が完成。その後も、本所、青山、三田、千川の各上水ができ、これら配水管の総延長は百五十キロメートルにも達し、江戸人口の六〇%に常時上水を供給していました」

ペリー遠征記に話を戻しますと、日本を非文明国と見下していたはずのペリー艦隊ですが、上陸して初めて現実の日本を見る中で、ついにはこんな認識にまで至ります。

「実際的および機械的な技術において、日本人は非常に器用であることが分かる。道具が粗末で、機械の知識も不完全であることを考えれば、彼らの完璧な手工技術は驚くべきものである。日本の職人の熟達の技は世界のどこの職人にも劣らず、人々の発明能力をもっと自由にのばせば、最も成功している工業国民にもいつまでも後れをとることはないだろう。人々を他国民との交流から孤立させている政府の排外政策が緩和すれば、他の国民の物質的進歩の成果を学ぼうとする好奇心、それを自らの用途に適用する心がまえによって、日本人はまもなく最も恵まれた国々の水準に達するだろう。ひとたび文明世界の過去および現代の知識を習得したならば、日本人は将来の機械技術上の成功をめざす競争において、強力な相手になるだろう」

産業革命がもたらした近代技術ではなかったけれども、当時の日本の技術はペリー艦隊を瞠目させるほどのものがあったことが窺えます。

ちなみに、ペリー来航後の嘉永六年九月、幕府は三代将軍家光以来禁じていた大船建造を諸藩に解禁。幕府自身も浦賀造船所で直ちに建造に乗り出し、わずか八カ月で本邦初の洋式大型軍艦「鳳凰丸」を完成させます。

前出の加藤祐三氏は、「日本人が、一定の高い技術水準を持っていたからこそ、黒船の技術力を評価でき、彼我を比べて、自分の技術が黒船には圧倒的に劣ることを痛感できた。技術格差が大きすぎるときには、その自覚さえ生まれにくい。あれほど早く大型船を自ら建造できたのは、ここに起因する」と指摘しています（『幕末外交と開国』）。

「女性が伴侶として認められ、たんなる奴隷として扱われていない」

ペリー遠征記は、日本の女性についても記録しています。長旅で祖国を離れているアメリカの乗組員たちが女性に興味を持つのは自然なことですが、結構真面目に観察しています。

「日本社会には、ほかのすべての東洋の国民にはない、優れた特質がある。それは女性が伴侶として認められ、たんなる奴隷として扱われていないことである。女性の地位がキリスト教の規範の影響下にある国ほど高くないのは確かだが、日本人の母、妻、娘は中国とは違い、たんなる動産でも家内奴隷でもなく、トルコのハーレムに買われた女性のような、気まぐれな快楽の対象でもない。一夫多妻制度がないという事実は、日本人があらゆる東洋諸国民のなかで最も道徳的で洗練された国民でもあるという、優れた特性を示す顕著な特徴である。この恥ずべき習慣がないことは、女性の優位性ばかりでなく、家庭道徳が広く普及しているという当然の結果にも現れている」

江戸時代は男尊女卑の時代だったというイメージが強いですが、日本の女性は東洋諸国の中で比較的尊重されている方だと見ていることが分かります。

さらに、日本の女性は教養があると捉え、容姿についてもお歯黒を除けばよい印象を持ったようです。

「教育は帝国中に普及しており、中国とは異なって、日本の女性は男性と知的進歩を共有しており、女性特有の才芸に秀でているだけでなく、日本文学にもよく通じていることが多い」

「既婚女性が常に忌まわしいお歯黒をしていることを除けば、日本女性の容姿は悪くない。若い娘は格好が良くて美しく、立居ふるまいも活発で自主的である。これは、女性が比較的高い敬意を払われていることから生じる品位の自覚からきている」

「地震によって生じた災禍にもかかわらず、日本人の特性たる回復力が発揮されていた」

ところで、ペリー艦隊がいったん帰国した後の話ですが、地震に負けない日本人の姿も記録されています。

二度の黒船来航時にペリー艦隊の参謀長であったアダムス中佐が、安政元（一八五五）年、日米和親条約の批准書交換のために、アメリカの代表として下田に再来航しました。その時、アダムス中佐は、無惨に破壊された下田の街を目にします。

それは、アダムス中佐が来日する約一カ月前に発生した安政東海地震による大津波により、かつての下田にあった家屋や公共建物が、高所にあるわずかな寺院などを残してすべて壊滅した様子でした。以下は、この時アダムス中佐が住民たちから聞いた地震の後の様子です。

「日本人の話によれば、最初は湾内と湾岸付近の海水が激しく揺れ動いているのが観察された。それがまもなく急速に引き始め、普通は五尋〔約九メートル〕の水深がある港の底がほとんどむきだしになった。それから海面が普通よりも五尋高くなったかと思うと高波が陸に押し寄せ、町にあふれて家々の屋根にまで達し、あらゆるものを流し去った。驚いた住民たちは丘に逃げたが、頂に達しないうちに上ってくる水に追いつかれて数百人が溺死した。水はこのように五、六回にわたって引いては返し、あらゆるものを破壊して、付近の海岸には打ち倒された家屋や、錨泊地から引きちぎられた船舶の破片や残骸が散乱した」

さながら、平成二十三年三月十一日に発生した東日本大震災を彷彿とさせられますが、特筆すべきはアダムス中佐がペリーに報告した被災した下田の人々の様子です。この中でアダムズ中佐は、日本人の特性を「回復力」と表現し、賛辞を送っています。同時に、災害大国に生きる日本人の覚悟や日本人の強さを深く感じています。

「地震によって生じた災禍にもかかわらず、日本人の特性たる回復力が発揮されていた。これは彼らのエネルギーをよく物語るものである。彼らは気落ちせず、不運を嘆かず、雄々しく仕事にとりかかり、ほとんど意気消沈していないようだった。ポーハタン号が到着したとき、日本人たちは忙しく片づけと再建にとりかかっていた。連日あらゆる地方から石材、木材、屋根葺き材、瓦、石炭などが運び込まれ、ポーハタン号が出発するまでには約三〇〇軒の家がほとんど、または完全にできあがっていた」

この幕末の下田の人々と同様に、東日本大震災の際も、多くの人々が悲痛な思いを共有しながらも、助け合い、堪え忍び、復興への強い思いを持ち、生活をされていました。

私は震災から一週間後、東京から被災地の後方支援のため、故郷・岩手県陸前高田市で多くの人々の避難所になっていた実家に参りました。その時、母が語った言葉の中に、こんな一言がありました。

「この震災からいかに復興を遂げるのかという姿を、世界に範を示すために、神様は東北の民を選んだのだ」

アダムス中佐が感じた日本人の回復力は時を越え、現代でも息づいていると感じます。

「彼らの知識や一般的な情報も、優雅で愛想の良いマナーに劣らず優れていた。身だしなみだけでなく、教養もなかなかのもの」

最後になりますが、ペリー来航当時の幕府と言えば、「太平の眠気をさます上喜撰たった四杯で夜もねられず」（高級茶の上喜撰と蒸気船をかけている）という狂歌が紹介されるほど、アメリカに対してまったくの準備不足で砲艦外交を前に右往左往し、アメリカの言いなりになったというイメージしかありません。

しかし、ペリー遠征記を読んでいくと、当のペリー側は意外にも、幕府の役人の立派な立居振舞や教養の高さに感心しているのです。

嘉永六年の最初の来航時は、国書の受け取りをめぐって日米の当事者間で折衝が行われましたが、ペリー遠征記は、その時接した幕府の役人の姿を次のように記録しています。

「舟には三、四人の日本の役人が日除けの下に座って、ゆっくりと扇子を使っていた。彼らは明らかに高貴な人物であり、いずれも聡明な顔立ちで、上流階級の人々に一様に見られる非常に優雅な立ち居ふるまいをしていた」

「これらの日本の高官たちは、紳士らしい泰然とした物腰と高い教養を物語る洗練された容儀を崩さなかったが、つとめて社交的にふるまい、気さくに会話を交わした」

また、言葉を交わしてみると、幕府の役人は教養が高く、世界情勢にも通じていました。ペリー遠征記はそれを驚きをもって記録しています。

「彼らの知識や一般的な情報も、優雅で愛想の良いマナーに劣らず優れていた。身だしなみだけでなく、教養もなかなかのもので、オランダ語、中国語、日本語に堪能で、科学の一般原理や世界地理の諸事実にも無知ではなかった。地球儀を前において、合衆国の地図に注意を促すと、すぐさまワシントンとニューヨークに指をおいた。一方がわが国の首都で、もう一方が商業の中心地であるという事実を知り尽くしているかのように。彼らはまた同じようにすばやく、イギリス、フランス、デンマークその他のヨーロッパの諸王国を指さした」

「合衆国に関する彼らの質問は、わが国の物質的進歩に関連する諸事情にもまったくの無知ではないことをうかがわせた。たとえば彼らがアメリカでは山を切り開いて道路を通しているのかとたずねたとき、彼らは（想像するに）わが国の鉄道のトンネルのことを言っていたのだ。……また、地峡を横断する運河はもう完成したのかともたずねたが、これはおそらく建設中のパナマ鉄道を示唆していたのだろう」

さらに、ペリー遠征記は、幕府の役人らを連れて、黒船艦内を案内した場面を記録しています。ペリー側は日本人が最先端の蒸気船を見て当然驚くであろうと思っていました。ところが、蓋を開けてみると、驚いたのはペリー側だったのです。幕府の役人は最新鋭兵器の種類も蒸気船の技術も知っていたからです。

「彼らは艦内のさまざまな装置のすべてに知的な興味を抱き、大砲を観察したときは、それが『パクサンズ砲』であると正しく言い当て、完備した蒸気船のすばらしい技術や構造を初めて目にした人々から当然期待される驚きの色をいささかも見せなかった。機関は明らかに彼らの大きな興味の対象だったが、通訳の話しぶりから、彼らが機関の原理にまったくの無知でないことがうかがわれた。この冷静だが油断のない沈着さは、考えぬかれた政策上の配慮によるものかもしれないが、しかしそれでも、たとえ日本人自身は、実用的科学の面で遅れているにしても、彼らの中の最も教養のある人々は、文明国、というよりは文化の進んだ国々における科学の進歩について、かなりの情報を得ていることは間違いない」

たかが非文明国の出先の役人と思っていたにもかかわらず、世界情勢を正確に認識し、最先端の近代技術にも通じている。「うかつには手を出せない」と思わせたのではないでしょうか。

ここに出てくるパクサンズ砲とは、炸裂弾を発射できる最初の艦砲で、当時最新鋭の兵器でした。開発したのはフランスの砲兵将校 Henri-Joseph Paixhans、現在はペキサンスと表記されることが多いようです。先述した、吉田松陰が西洋と日本の戦力差に気付く過程で読んだ兵学書『台場電覧』等の著者です。

また、大砲をパクサンズ砲と正しく言い当てたのは浦賀奉行所与力(ペリー側には副奉行と称した)の中島三郎助です。前出の井上勝生氏によると、中島はその後日本の洋式軍制改革に尽力し「幕臣だけではなく、長州藩の木戸孝允らにも洋式軍政を教授した人物」で、「幕府の屈指の俊才」だったそうです。

江戸時代の日本は「鎖国」体制だったから、黒船来航で目が醒まされるまで幕府は西洋の先進的な技術や軍事力について何も知らなかったかのようなイメージが漠然とあるかもしれません。しかし、実際はそうではなかったのです。幕府はアメリカが大統領の国書を携えた艦隊を派遣することについてもオランダを通じて知っていましたし、いずれやって来る蒸気船の構造を研究し、通訳も養成していました。その通訳らは当時の国際法にも通じており、どの船が旗艦であるかを見分けることができたため、ペリー艦隊の最初の来航時、一目散に旗艦サスケハナ号に向かったそうです。

それだけ分かっていたならば、なぜ黒船来航までに、黒船に対抗できる体制を構築しておかなかったのか、と思うかもしれませんが、結局、長く続いてきた体制や慣行を変えるのは、言うほど簡単ではないということでしょう。

現代の日本にも、もう三十年ほど前から中国の軍事的台頭を予見し、南西諸島防衛の強化や防衛費の飛躍的増額を提唱する心ある安全保障関係者がいらっしゃいました。しかし、いくら警鐘を鳴らしても、防衛費は長年にわたりGDP比一%に届かない状態が続いていたほどです。

ところが、ロシアのウクライナ侵略を受けると一気に進展し、ようやく諸外国並みに防衛費が増額されることが決まったわけです。黒船来航もこれと同様ではないでしょうか。

日本政策研究センター代表の伊藤哲夫氏によると、ペリーが最初に来航した後、老中首座阿部正弘は、この危機を逆手に取って、それまで守旧派の抵抗で叶わなかった体制の改革を一気に進めます。第一に、従来の老中専裁を止め、すべての大名や一般士民に至るまで広く意見を上申させたこと。第二に、ペリーが帰ってすぐさまオランダより軍艦を購入したこと。第三に、三代家光以来禁制していた大船建造を諸藩に解禁したこと。第四に、品川沖に台場を建造したこと。第五に、これらの改革を進める上で人材を積極的に登用。さらに今日の国家安全保障局のような軍事・外交の常設機関の創設まで考えていたのです。

その後、阿部正弘は急逝し、幕末史は複雑な過程を経て、大政奉還、明治維新へと回天していきますが、黒船来航という危機を逆手に取った阿部正弘の改革は、間違いなく近代日本の道を切り拓く重大な契機でした。幕府がまったくの準備不足で砲艦外交を前に右往左往したというイメージだけで歴史を捉えるのは、ちょっと違うのではないかと思うのです。

〔余話〕幕府は本当にアメリカの言いなりだったのか？

以上、ペリー遠征記の内容については、いったんここで終了します。

とはいえ、日米和親条約の締結に至る条約交渉では、武力を背景にしたペリー側の言いなりになり、条約を結ばされたのではないか、というのが一般的なイメージです。その条約交渉についてペリー遠征記はどう記録しているのか、と気になる方もいらっしゃるかと思います。

これについては、幕府が国法を理由にダラダラと時間をひきのばしてまともに交渉しようとしなかったが、ペリー提督は断固として要求を押し通し、日本側に呑ませた、と吹聴するような記録しか出てきません。

しかし、日本側の交渉記録である『墨夷応接録』を読むと、実態はわれわれがイメージしているようなものとは随分違ったようです。この『墨夷応接録』は、日本側応接掛筆頭の林大学頭《はやしだいがくのかみ》が「多数の部下に記録させ、まとめた公的記録に近い」(加藤祐三氏)ものです。本稿の主旨から少し逸れますが、参考までに紹介したいと思います(以下引用は『現代語訳 墨夷応接録』作品社、二〇一八年より)。

日米和親条約の交渉が行われたのは、ペリー艦隊が二回目に来航した時です。この時アメリカ側が要求したのは、①アメリカ船難破時の船員の救助、②アメリカ船への薪水、食料、石炭などの提供、③それら物資を受け取る港の開港、④アメリカとの交易の開始、の四つに要約できます。

先に結果を言いますと、締結された日米和親条約の内容は、①と②は実現しましたが、③は限定的となり、④は入りませんでした。

①の船員の救助や、②の必要物資の提供は、日本が黒船来航以前から実施してきたことです。

③の港については、ペリーは「日本の東南にて五、六ヶ所、北海で二、三ヶ所」の開港を要求したのですが、幕府はそれを退け箱館・下田の二港に限定しました。さらに、交易開始の要求については、この時は拒否することに成功しました（交易の開始は四年後の日米修好通商条約から）。それゆえペリーは日本を離れる際、「下田に来てからの条約は、全て甚だしく窮屈なものとなり、満足できていない」と書簡に記したほどです。幕府が一方的に条約を押し付けられたというイメージとは正反対の感想をペリー本人は抱いていたのです。

では、幕府はどうして開港地を限定し、交易を拒否することができたのか。『墨夷応接録』から拾ってみましょう。

ペリー提督は数カ所の開港を要求した後、「日本の港のいずれを補給港として定めるかという件は、ただ決断のみのことなので、時間など不要なはずだ」「是非とも、ただ今お答えを頂戴したい」と迫ります。

それに対して、林大学頭は「これは無理なことをおっしゃるものだ。大体、それほどにも別の港を開きたいと懇望されるのであれば、なぜ昨年差し出してきた書簡（引用者注・国書のこと）の中に、どこそこの港などと地名を明記しなかったのか。書かれてあればこちらとしても検討しておくことができただろう」と切り返します。

ペリーは、「いかにも昨年の書簡には、地名を明記していなかった」と非を認め、「仕方がないので、二、三日は待ちたいが、可能な限り早めに取り決めて返答していただきたい」と譲歩し、結局、林大学頭が箱館と下田の開港を提示すると、それを受け入れたのです。「東南にて五、六ヶ所、北海で二、三ヶ所」と要求していたのに二港にとどまったのですから、ペリーが書簡に「満足できていない」と書いたのも頷けます。

一方、交易についてペリーは、「そもそも交易は、有るものと無いものを融通し合い、大きな利益を生むものであって、現在万国において日夜盛んになっており、これによって国々は富強にもなっている。貴国にしても、交易を許可されれば、格別な国益が得られるはずであり、決して損失になるようなことはない。よって、これは是非とも承認されるべきかと思われる」と主張しました。

それに対して、林大学頭は、「いかにも、交易というものは、余剰の品物を欠乏している品物に交換する行為であり、国益になるものだが、元来日本国は、自国の生産物で自足しており、外国の品物がなくとも少しも不足はない。そのため、交易は行なわないと法によって定めているので、簡単に交易を行なおうということにはならない」と反論。続けて、交易について話し合う前に合意した難破船の救助に話を転じ、「先ほど、使節はこの度の来航は、第一に人命を重視してのものであると話された。……交易の件は、利益についての話であって、さして人命に関わるものではないだろう。まず主目的が達成されたのだから、それで良いのではないか」

と再考を促しました。

これを受けたペリーはしばらく沈黙し、「これはもっともなことである。……交易は国の利益になるものだが、人命に関わるとはいえないので、交易の件は、強いてお願いすることではない」と要求を取り下げ、米中間で締結した望厦《ぼうか》条約の条文を林大学頭に渡すにとどめました。

以上、『墨夷応接録』から交渉の実態を少し紹介しましたが、林大学頭が冴え渡る論理でペリーをやり込める様は、とても印象的です。こちらの方がペリー遠征記が記録した幕府の役人の立派な姿――立派な立居振舞、教養が高く世界情勢・近代技術に通じている――に、むしろフィットするのではないでしょうか。

もちろん、黒船来航への幕府の対応は当時から批判され、現代でも「幕府はダメだった」という見方が支配的です。しかし、ペリー遠征記や『墨夷応接録』の記録を丹念に見ていくと、そうしたイメージだけで歴史を見てよいものだろうか、と素朴な疑問が湧いてくるのです。

蛇足ですが、私は久里浜にあるペリー記念館に行ったことがあります。記念館の片隅にはペリー遠征記も置かれていましたが、それにもかかわらず、教科書通りの展示内容で少々がっかりした記憶があります。

2

「日本を開国して外国の影響をうけさせることが、果してこの人々の普遍的な幸福を増進する所以であるか」

タウンゼント・ハリス（一八〇四〜一八七八） アメリカ初代駐日公使。日米和親条約の結果、安政三（一八五六）年、初代駐日公使として下田に赴任。下田条約・日米修好通商条約締結に成功後、公使。文久二（一八六二）年、帰国。著書『日本滞在記』（上中下巻）、坂田精一訳、岩波文庫、一九五三年

タウンゼント・ハリスと言えば、昭和初期にブームとなった『唐人《とうじん》お吉《きち》』の物語の中で、悪役で登場します。お吉は鶴松という婚約者がいたにもかかわらず、ハリスが下田一の美人芸者だったお吉を要求したため、鶴松と別れさせられハリスに奉公します。ハリスはお吉を弄《もてあそ》び、手切れ金を渡し下田を去ります。その後のお吉は世間から異人に肌を許した「唐人」（外国人の意）として罵られ、行き場を無くし酒におぼれて、最後は入水自殺をするという悲劇です。物語では悪いイメージのハリスですが、実際にはどんな人物だったのでしょうか。

ハリスは、ペリー来航によって嘉永七（一八五四）年に日米和親条約を締結した二年後の安政三（一八五六）年、日米修好通商条約締結交渉のため、初代駐日総領事として下田にやってきます。ハリスはオランダ人で語学に堪能なヘンリー・ヒュースケンを通訳兼秘書に伴い、下田奉行に江戸出府を要求。これに対し幕府は〝じらし作戦〟でなるべく下田に留めようとします。彼は本書の中で繰り返し「日本の役人は地上における最大の嘘つき」と罵っているほどです。

「男女の混浴は女性の貞操にとって危険ではないか」

この頃のハリスはストレス解消が必要だったのか、よく付近の散策をしています。その中で接した住民については「喜望峰以東のいかなる民族よりも優秀」と評しています。法度に対する恐怖感情が表現を禁じているが、本当は外国人との交流を望んでいるとも見ています。また、町については「家屋は清潔で、日当りもよくて気持ちがよい。世界の如何なる地方においても、労働者の社会で下田におけるよりもよい生活を送っているところはあるまい」と書いています。

しかし、混浴の文化については眉を顰《ひそ》めています。

「又或る時ヒュースケン君が温泉へゆき、眞裸の男三人が湯槽に入っているのを見た。彼が見ていると、一人の十四歳ぐらいの若い女が入ってきて、平気で着物を脱ぎ、『まる裸』となって、二十歳ぐらいの若い男の直ぐそばの湯の中に身を横たえた。このような男女の混浴は女性の貞操にとって危険ではないかと、私は副奉行に聞いてみた。彼は、往々そのようなこともあると答えた」

当時は現代と違って大らかな時代でした。

ハリスの生活は、朝起きて冷水を浴び、体を清めるのが日課でしたが、極寒でも続けて周囲を驚かせました。彼は聖公会（イングランド国教会の一派）の敬虔な信徒で、禁酒・禁煙、日曜日は安息日の戒律を遵守していました。

『日本滞在記』の訳者、坂田精一氏の解説によると、ハリスが体調を崩し看護婦の派遣を下田奉行に依頼した際、彼を下田に留めたかった奉行は地元の女性、齋藤きちを派遣します。今でいう「ハニートラップ」みたいなものでしょうか。正体を察した彼は、わずか三日で大金を与えて解雇したというのが真実のようで、ハリスの日常生活からも納得のいく話かもしれません。

しかしながら、安政四（一八五七）年五月、ハリスは幕府と下田協定を締結し、これまでの貨幣交換比率一ドル＝一分を一ドル＝三分に変更しました。これにより日本の小判は海外に大量に流出します。彼自身も小判を買い漁り上海で売却するなど商根丸出しで、外交官としては相応しくない一面もありました。

「質素と正直の黄金時代を、いずれの他の国におけるよりも、より多く日本において見出す」

そして同年十二月、下田から江戸出府が叶い、将軍徳川家定に謁見して大統領親書を手渡します。また老中堀田正睦《ほったまさよし》には、世界情勢が一変して日本はいずれ外国の大艦隊に脅かされるようになるから、今のうちに米国と条約を締結すべきだと強く迫ります。

これを受け、堀田は朝廷に条約の勅許を得ようとしますが、失敗。翌安政五（一八五八）年、大老になった井伊直弼《いいなおすけ》が勅許なく日米修好通商条約を締結。神奈川・長崎・箱館・新潟・兵庫の開港、江戸・大坂の開市、関税自主権がなく、治外法権を認めるなど日本は不利な条件を呑みます。

同時に、ハリスは初代駐日公使となり江戸に公使館を設置しました。井伊大老は反対した尊王攘夷派や一橋派を弾圧（安政の大獄）。この流血の始まりが井伊暗殺に繋がり、旧体制から新体制への流れが一気に加速していきます。

日本人にとってはあまり好きになれないハリス。それゆえに『唐人お吉』のような物語に悪役として描かれるようになったのかもしれませんが、それでも記録を丹念に読んでいくと、日本を高く評価していることが分かり、却って興味深く思います。例えば、江戸出府の途上で見た民衆の姿について、彼は日本を開国させた罪悪感を感じながらも最高の賛辞を呈しています。

「彼らは皆よく肥え、身なりもよく、幸福そうである。……私は時として、日本を開国して外国の影響をうけさせることが、果してこの人々の普遍的な幸福を増進する所以であるか、どうか、疑わしくなる。私は、質素と正直の黄金時代を、いずれの他の国におけるよりも、より多く日本において見出す。生命と財産の安全、全般の人々の質素と満足とは、現在の日本の顕著な姿であるように思われる」

また、江戸城で謁見した将軍家定と殿中の様子をこう語っています。

「大君の衣服は、絹布でできており、それに少々の金刺繍がほどこしてあった。だが、それは想像されうるような王者らしい豪華さの何ものからも遠いものであった。燦然たる宝石も、精巧な黄金の装飾も、柄にダイヤモンドを鏤《ちりば》めた刀もなかった。そして、むしろ、私の服装の方が彼のものよりも遙に高価であったといっても過言ではない」

「私は殿中の何れの場所においても、鍍金《めっき》の装飾を見なかった。木の柱は、すべて白木のままであった。火鉢と、私の用いるために特に用意された椅子と卓子のほかには、どの部屋にも調度の類が見あたらなかった」

さらに、おもてなし料理についても次のように書いています。

「日本式の料理法によって、たいへん美しかった。膳の中心装飾が麗しく盛られていた。長寿の象徴である小形の樅《もみ》の木と、亀と鶴が、歓迎と尊敬のしるしをもって一際美しく飾りつけられていた」

　将軍を含め質素倹約が武家社会の基本であること、しかしその中にも美しさを追求してやまないこと、ハリスは日本の心と形を、いきいきと記録したのです。

3

「日本の子供は恐らく世界中で一番厄介な子供であり、少年は最大の腕白小僧であるが、また彼等ほど愉快な楽しそうな子供たちは他所では見られない」

リッダー・ホイセン・ファン・カッテンディーケ（一八一六〜一八六六） オランダ海軍士官。長崎海軍伝習所教官として、幕府注文軍艦ヤパン号の回航を兼ねて安政四（一八五七）年、来日。勝海舟、榎本武揚をはじめ諸藩の伝習生を教育した。著書『長崎海軍伝習所の日々』水田信利訳、東洋文庫・平凡社、一九六四年

オランダ海軍の軍人で、後にオランダの海軍大臣や外務大臣となるリッダー・ホイセン・ファン・カッテンディーケは、幕末の安政三（一八五七）年、幕府が発注した軍艦ヤパン号（後の咸臨丸）をオランダから長崎に回航し、その後日本から引き揚げるまでの二年余、幕府が開いた長崎海軍伝習所の教官として活躍しました。

この伝習所では、当時西洋科学に触れる機会の少なかった日本の青年を、航海術はもちろん、砲術・測量術・数学・科学などの講義や実地訓練を通じて熱心に指導し、勝海舟《かつかいしゅう》、榎本武揚《えのもとたけあき》、

五代友厚《ごだいともあつ》など幾多の人材を輩出しています。まさにこの伝習所創設こそが日本海軍の夜明けとなり、卒業した生徒らはあらゆる方面において指導的地位を占め、やがて日本は世界の人々をして目を見張らせるほどの進歩を遂げ、わが国文化の偉大なる先達者となっていくのです。

カッテンディーケの来日は、幕府が「鎖国」政策を持続することが困難になったと判断し、欧米列強に対抗できる近代的海軍の創設を決定したことに始まります。

幕府は当時の長崎オランダ商館長ドンケル・クルチウスを通じて、オランダ政府に対して協力並びに軍艦の建造と購入の斡旋について内密に依頼しました。これを契機に、最終的には長崎に海軍伝習所が設けられ、オランダから海軍教育班が招聘《しょうへい》されます。

ちなみに、この頃のオランダは、東アジアにおける影響力が英米露などの勢いに押されて衰微の一途をたどっていました。そんな中、幕府に恩を売ることで、日本における地位を保全しようとする意図もあったようです。

「日本人の死を恐れないことは格別である」

ともあれ、第二次海軍教育班長として派遣されたカッテンディーケは、ヤパン号に乗ってオランダから四千海里の航海を経て長崎に到着し、まずはその自然と街並みの美しさに驚きます。

「誰でも海旅の後には、ちょっとした事にも感嘆し易いものであるが、そうした気持ち以外に、実際長崎入港の際、眼前に展開する景色ほど美しいものは、またとこの世界にあるまいと断言しても、あながち過褒《かほう》ではあるまい」

当時の美しい日本の様子、現代の私たちも見てみたいものです。

次に、日本人の生活や文化をカッテンディーケはどう見たのでしょうか。

「民衆はこの制度の下に大いに栄え、すこぶる幸福に暮らしているようである。日本人の欲望は単純で、贅沢といえばただ着物に金をかけるくらいが関の山である。……だから誰も皆、その身分に応じた財産を持つことができるのである。上流家庭の食事とても、至って簡素であるから、貧乏人だとて富貴の人々とさほど違った食事をしている訳ではない」

「日本の社会では、商人はすこぶる身分の低いものとされている。……さればとて、彼等が軽蔑されていると見るのは誤りである。現に幕府自身が商人であるのに、どうして商人が軽蔑されるだろうか。オランダ人が二百年以上に及ぶ長い間、取引きを営んできた相手は、そもそも誰か、それは外ならぬ幕府自身ではないか」

江戸時代の身分制度と言えば「士農工商」で、歴史教科書には民衆は支配階級に搾取・弾圧されていたかのように描かれてきましたが、実際はそうではなかったようです。

教育についてはどうでしょうか。カッテンディーケは「一般に読み書きの教育は普及し」と日本人が子供たちに基礎をしっかり教えていることを示す一方、子供を自由にのびのびと育てている様子を記録しています。

「一般に親たちはその幼児を非常に愛撫し、その愛情は身分の高下を問わず、どの家庭生活にもみなぎっている。……よく面倒を見るが、自由に遊ばせ、さほど寒くなければ殆ど素っ裸で路上を駆けずり回らせる。……子供らは、かような工合で直ぐ発育し、体は丈夫かつ敏捷になる。……子供らがどんなにヤンチャでも、親たちがその子供を窘《いじ》めているところなど殆ど見ることがない。ましてや叱ったり懲らしなどしている有様はおよそ見たことがない。日本の子供は恐らく世界中で一番厄介な子供であり、少年は最大の腕白小僧であるが、また彼等ほど愉快な楽しそうな子供たちは他所では見られない」

これを読んだら、今の子供たちもきっと江戸時代で過ごしたいというに違いないでしょう。

さらに、日本人の死生観にも触れて、こう述べています。

「日本人の死を恐れないことは格別である。むろん日本人とても、その近親の死に対して悲しまないというようなことはないが、現世から彼《あ》の世に移ることは、ごく平気に考えているようだ。彼等はその肉親の死について、まるで茶飯事のように話し、地震火事その他の天災をば茶化してしまう。だから私は仮りに外国人が、日本の大都会に砲撃を加え、もってこの国民をしてヨーロッパ人の思想に馴致《じゅんち》せしめるような強硬手段をとっても、とうてい甲斐はなかろうと信ずる。そんなことよりも、ただ時を俟《ま》つのが最善の方法であろう」

彼は魂が永久のもので肉体は現世での仮の箱のようなものであるという神道の思想をよく理解しています。そして有事には死を恐れない、平時は教育や文化水準が高く、大きな格差もなく、国民の幸福度が高い——このような国民を外国が力づくで支配しようとしても、それは一筋縄ではいかない厄介なことであるし、賢明ではないと見たのです。

　このように、カッテンディーケは日本固有の特質をよく理解していました。

「日本はイギリスにも劣らぬ、海軍国となるべきあらゆる必要条件を誂え向きと言ってもよい程に具備している」

　カッテンディーケは長崎海軍伝習所において、数学・科学・測量術・操船技術などの近代科学や海軍を運用するための基礎知識を教授するとともに、長崎周辺の海で頻繁に航海演習を実施しました。

　ちなみに、カッテンディーケは滞在中、もっぱら長崎周辺で学生の教授にあたり、ついに江戸には行かずじまいでしたが、航海演習では薩摩や佐賀まで足をのばして島津《しまづ》斉彬《なりあきら》や鍋島閑叟《なべしまかんそう》など雄藩の藩主とも会見し、近代化に熱心であった彼らの質問に応答し助言しています。ただ、着任当初の伝習所では往生したようです。

「大抵の学生は、ただ彼等が将来立身出世に役立たしめたいために、何か一般的知識を身に付けたいという目的だけで長崎へやって来たに過ぎない。ただ少数の者だけが海軍で身を立てる覚悟で来たのであった。……日本はイギリスにも劣らぬ、海軍国となるべきあらゆる必要条件を誂《あつら》え向きと言ってもよい程に具備している……多数の良い港湾や善良なる海員、また造船用のすべての材料が到る所にある。私は日本がきっと、いつかは、そこまで来るであろうことを信じて疑わない。しかしそれには無論、まだ長い年月が経過し、幾多の先入観が取り除かれねばならないであろう」

近代科学に対する無理解、蒸気船や海軍に対する無理解、国際慣例に対する無理解、あるいは門閥が幅を利かせる身分制度、旧習にこだわり能力に相応の仕事をさせない動脈硬化的な思想――。カッテンディーケにとっては、開国間もない当時の日本には、こうしたものが溢れているように見えました。彼にとっては海軍教育を教授しようにもかなり窮屈な思いをしたことでしょう。

「艦長役の勝氏は、オランダ語をよく解し、性質も至って穏やかで、明朗で親切でもあった」

そうした中、世界に肩を並べるために広く目を開き、一日も早く身に付けようと努力した日本人もいました。

カッテンディーケは、特に信頼を寄せた人物の一人についてこう語っています。

「私は同人をただに誠実かつ敬愛すべき人物と見るばかりでなく、また実に真の革新派の闘士と思っている。要するに、私は彼を幾多の点において尊敬している」

その人物の名は、勝麟太郎（海舟）。人格識見並びに蘭学において頭抜けていた勝は、伝習所の生徒百十数名を取りまとめる伝習生徒監でした。カッテンディーケはこんなことも書いています。

「大目付役（引用者注・幕府の監視役）は、どうもオランダ人には目の上の瘤であった。おまけに海軍伝習所長は、オランダ語を一語も解しなかった。それに引き替え艦長役の勝氏は、オランダ語をよく解し、性質も至って穏やかで、明朗で親切でもあったから、皆同氏に非常な信頼を寄せていた。それ故、どのような難問題でも、彼が中に入ってくれればオランダ人も納得した。しかし私をして言わしめれば、彼は万事すこぶる怜悧であって、どんな工合にあしらえば、我々を最も満足させ得るかを直ぐ見抜いてしまったのである。すなわち我々のお人好しを煽《おだ》て上げるという方法を発見したのである」

さらに、生徒たちと咸臨丸による航海演習で薩摩を訪れた時のこと。カッテンディーケはひどい風邪をひいていたため船内に残りました。日本人の士官たちは当直以外は皆上陸してしまいましたが、勝だけは上陸しなかったというのです。

「私はそれには及ばぬと断わったが、結局何の役にも立たなかった。それが日本の慣習、彼が守らねばならぬ礼儀であった」

冷静でしたたかな一方、いかなる時も教官を立てる義理堅い一面があることも、彼が勝に対し信頼を寄せた理由の一つだったかもしれません。

他にも彼が高く評価した人物に、後に幕府海軍の重鎮となり、函館の五稜郭で最後まで抗戦した榎本武揚がいます。

「私はこの航海によって如何に日本人が航海術に熟達したがっているかを知って驚いた。ヨーロッパでは王侯といえども、海軍士官となり、艦上生活の不自由を忍ぶということは、決して珍しいことではないが、日本人、例えば榎本釜次郎氏（武揚）のごとき、その先祖は江戸において重い役割を演じていたような家柄の人が、二年来一介の火夫、鍛冶工および機関部員として働いていているというがごときは、まさに当人の勝れたる品性と、絶大なる熱心を物語る証左である」

カッテンディーケは身分にかかわらず、国を守るという目的のためにどんな仕事でも行う榎本のような生徒を見て、旧体制の殻を破った先の日本の将来に光を見たに違いありません。

実際、生徒たちの成長ぶりは彼も目を見張るものでした。「その入港ぶりたるや、よほど老練な船乗りでなければできない芸当である。船と船との間に錨を卸ろしたりする大胆不敵な振舞いをやってのけた。彼等は実に測り知れない自負心を持っている」と、生徒のみで成し遂げた操船を評価しています。

ところが、長崎から江戸まで咸臨丸とエド号（幕府がオランダに注文した咸臨丸の姉妹艦）を無事往復運航したことを契機に、幕府は蒸気船の操縦術習得は完成したと判断、江戸から遠い長崎に伝習所を維持する財政負担が大きいことも相俟って、伝習所の突然の解散を決めます。こうして突如オランダに帰国することになったカッテンディーケですが、最後にこう記しています。

「これら日本士官の多くは、我々と訣《わか》れるにあたり皆涙を目に湛《たた》えていた。だから私は、我々に教育せられたあの人たちは、きっと皆オランダ海軍派遣隊が日本に尽くした業績を多としているに違いないとの信念を懐《いだ》いている。彼等はその社会的階級よりして見るに、政治上権勢を振るうべく運命づけられた人々であるから、彼等が我々の業績を多としていることは、必ずや日蘭関係の上に良好なる影響を及ぼすに相違ない」

日本海軍の礎を築き、日本人固有の性質と才能をよく見出して、錬磨してくれたカッテンディーケ。その教え子たちは、各々の立場で激動の幕末・明治を乗り越えていくことになります。

4

「東洋で女性にこれほど多くの自由と大きな社会的享楽が与えられている国はない」

ローレンス・オリファント（一八二九～一八八八）　イギリス使節秘書。安政五（一八五八）年、エルギンの秘書として来日。駐日イギリス公使館一等書記官に任命され、文久元（一八六一）年再来日するが、江戸高輪東禅寺の仮公使館で水戸浪士の襲撃をうけて重傷を負った。著書『エルギン卿遣日使節録』岡田章雄訳、雄松堂書店、一九六八年

ローレンス・オリファントは、清国との天津条約や日英修好通商条約の締結に当たったイギリスの外交使節エルギン卿ジェームス・ブルースの秘書として、安政五（一八五八）年に来日しました。

本章で扱う『エルギン卿遣日使節録』の訳者、岡田章雄氏によると、オリファントはエルギン卿の秘書になる前からすでに旅行家として名を馳せた人物でした。彼は二十一歳の時にネパールを旅行。その見聞記「カトマンズへの旅」は刊行後十日のうちに二千部が売れ、有力な

新聞がこぞって激賞したそうです。これに気をよくしたオリファントは次にロシア、とりわけクリミア戦争の影が近づきつつあった黒海沿岸を旅行し、「黒海のロシア沿岸」を出版。これは九カ月のうちに四度版を重ねたそうです。その後、母の友人の紹介で当時カナダ知事を務めていたエルギン卿の秘書となります。

オリファントはエルギン卿に随行して来日したわずか二週間に、日本の風光の美しさや都市の繁栄をはじめ、比較的身近な日常生活にうかがえる日本人の特色、さらに日本の家族的な社会の特色や天皇を戴く日本の国柄など、こと細かにこの国の特徴を記録し、イギリスへ帰国後すぐに出版しました。その一部を邦訳したものが『エルギン卿遣日使節録』です。彼はこの中で日本の全体的な印象を「この愉快きわまる国の思い出を曇らせるいやな連想はまったくない。来る日来る日が、われわれがその中にいた国民の、友好的で、寛容な性格の鮮やかな証拠を与えてくれた」と絶賛しています。

「彼らが執念深く、迷信的で、傲慢で、極端に名誉を固執し、またしばしば名誉を守るために、あるいはその復讐のために残酷峻厳な手段に訴える」

ですが、私が特に驚いたのは、彼が日本人の弱点をしっかり指摘していたことです。彼はそれを次のように書いています。

「彼らの善良な性格が多くの弱点によって曇らされていることは否定できない。その弱点がなければ彼らは人間以上のものになってしまうだろう。彼らが執念深く、迷信的で、傲慢で、極端に名誉を固執し、またしばしば名誉を守るために、あるいはその復讐のために残酷峻厳な手段に訴えることはよく知られている」

武家社会の時代のことですが、現代の日本人にも当てはまる要素があるようにも思えます。同時に「弱点がなければ彼らは人間以上のものになってしまう」という言葉からは、日本人の素晴らしさは自分たちの弱点を克服する努力によって成し得ている、と捉えていることがうかがえます。

さすがは外交官秘書、というより「スパイ⁉」と思えるほどの観察力と洞察力です。

では、オリファントは当時の日本を或いは日本人をどう見たのか詳しく見てみましょう。

まず日本のお店や家の佇まいなど日常のごくありふれた光景について、

「入念に磨きあげられた階段を登ると、最上段に日本のスリッパが並んでいる」

「足もとに敷きつめた畳《マット》の異常な清浄さ」

と記録するなど、清潔を好み、質素の中にも豊かさを窺わせる生活の中の美を見出しています。

また、江戸の街を歩いている時、オリファントは日本人が常に何かを記録に留める習慣があることに気付き、こう記しています。

「日本人はすべて小さな携帯用のインクスタンド〔矢立のこと〕をひもで胸に下げている。それはふつうきれいに漆で塗られ、中にペンというよりも筆を一本収め、またインクを漏れないように入れた小さな部分がある。懐にはたくさんの紙がある。一枚一枚になっていることもあるし、閉じてノート・ブックの形になっていることもある」

読み書きができないとこういう習慣は生まれようがないと思うのですが、オリファントはまさにこの日本人の教養の高さに目を見張ったのです。

同時に彼は、日本人の紙の用途にも注目しています。

「一方でわれわれは、彼らがその必需品の中で一番大切な品である紙をいろいろな用途に供しているのを見て興味を抱いた。それは、われわれの部屋の壁にも、また広く流行した扇にも用いられていた。それですべての商品が包装され、後からひもでくくられていた。四角い紙はハンケチとして使用され、また張り合わせて漆を塗ったものは帽子となって着用された。密度は千差万別で、厚いのも粗いのも、また混ぜ物のいっぱいあるのもある。またきわめて薄く、もっとも精巧な薄葉紙以上に透明なものもある。しかしどれも驚くばかり丈夫である」

紙をこれほどいろいろな物に使っていたというのは現代のわれわれにとっても驚きですが、オリファントはこれを日本独特の文化として見たようです。

さらに、オリファントはある外国人が「日本人は、誇りをもった国民として詐欺や窃盗、盗賊、強盗などを蔑視し、嫌悪している」と指摘していることに触れた上で、彼自身の経験からも日本の治安の良さに感心しています。

「われわれの部屋には錠も鍵もなく、開放されていて、宿所の近辺に群がっている付添いの人たちが誰でも侵入できる。またわれわれは誰でもほしくなるようなイギリスの珍奇な品々をいつも並べて置く。それでもいまだかつて、まったくとるにたらないような品物でさえも、何かがなくなったとこぼしたためしがない」


「女性は隔離されることなく、劇場にも、食事にも、遊山にも、また草花の展示会にさえも出かけ、思うままに振舞う」


一方、オリファントは日本社会の特色も記しています。例えば、日本には神道という国民的宗教があり、その中心的存在（現世的頭首）はミカド（天皇）であるとして、日本の国柄について、的確な捉え方をしています。

「崇拝の主要な対象である神格は、女神天照大神《テンシオダイジン》 Ten-sio-dai-zin、すなわち日本の守護神である」

「このミカドは、日本の精神上の皇帝であるうえに、この世にある彼の臣下と来世の諸霊及び聖徒との間をとりなす仲介者の一種である。多くの点で彼の機能は教皇の機能ときわめてよく似ているように見える」

江戸時代の日本と言えば、徳川将軍家が国の支配者で天皇は忘れ去られていたと言われることが多いのですが、彼の見方はそうした通念とは違っていたようです。

ちなみに、オリファントは日本人のお伊勢参りや富士信仰についても記していますが、ここではお伊勢参りについて述べた部分を引いておきましょう。

「すべての日本人にとって、生涯に一度行なわなければならない巡礼の旅がある。敬虔な人は年々それを行なう。私は、その仕事を将来踏査に当る誰かにまかせなければならないことを残念に思っている。それは日本の守護女神である太陽の女神・天照大神 Ten-sio-dai-zin の社に参詣することで、その社は……伊勢 Isye にある」

他方、オリファントは日本社会における女性の地位や日本女性の性質について次のように述べています。

「おそらく東洋で女性にこれほど多くの自由と大きな社会的享楽が与えられている国はないだろう。一夫多妻制は許されていない。また、われわれが知ることのできたかぎりでは、女性の地位は東洋よりも、むしろ西洋で彼女たちが占めているところに近い。彼女たちは世間では正式の妻として尊敬され、その子供たちは、その家族に属する権利、財産は何によらずみんな相続する。この国では『家族』がきわめて重んぜられているので、国の法に適ったすべての権利は彼女たちに属している。その結果、婚姻の縁組は両親にとっては慎重に考慮すべき事柄で、立派な配偶が大いに要望される。そこでこれらの女性は隔離されることなく、劇場にも、食事にも、遊山にも、また草花の展示会にさえも出かけ、思うままに振舞うのである」

「私に不思議に思われたことは、江戸に滞在している期間を通じて、女の口ぎたなく罵る声を聞いたことがないこと、また街を通るときに、いつもいっぱいの人混みだが、それでも騒ぎを見かけたことがないことである」

封建的な身分社会というイメージとは裏腹に、実際には女性を大切にする温かな家族社会だったようです。

オリファントは日本でのひとときを終えて、上海からロンドンにいる母親に宛てた手紙にこう綴りました。

「日本人は私がこれまで会った中で、もっとも好感のもてる国民で、日本は、貧しさや物乞いのまったくない唯一の国です。私はどんな地位であろうともシナへ行くのはごめんですが、日本なら喜んで出かけます」

海外の様々な地を訪問してきたオリファントが、この国に魅了され、親愛と理解に富んだ態度で率直に紹介したことがわかります。

5

「この火山の多い国土からエデンの園をつくり出し、他の世界との交わりをいっさい断ち切ったまま、独力の国内産業によって三千万と推定される住民が着々と物質的繁栄を増進」

ラザフォード・オールコック（一八〇九～一八九七） イギリス初代駐日公使。中国滞在ののち、安政六（一八五九）年、駐日総領事として赴任、のち公使。通商の拡大を目ざして強硬な政策を推進したが、下関砲撃事件後、本国に召還された。著書『大君の都――幕末日本滞在記』（上中下巻）、山口光朔訳、岩波文庫、一九六二年

幕末の日本を取り巻く世界情勢を語る上で絶対に外せない人物、ラザフォード・オールコック。イギリスの外交官であった彼は安政六（一八五九）年から元治元（一八六四）年まで日本での任にあり、途中賜暇《しか》で一時帰国するまでの約三年に亘る記録を、全三十九章、百四十以上の挿絵付で紹介した優れた大著『大君の都』（大君とは徳川将軍のこと）として残しました。政治、経済はもちろん、宗教や生活や文化、産業に至るまで、この頃の日本の緻密な見聞録を綴っており、この著書こそ幕末史の基礎的文献の一つとも言えるくらい貴重な資料となっています。

オールコックは後で登場するフォーチュン（第6章）やシュリーマン（第12章）のように、未知の東洋を見てみたいという興味や物見遊山で来日したのではなく、イギリスを代表する初代駐日公使として、極東におけるイギリスの名誉を保持し、国益を伸張する責任を負っていました。

しかも、単なる外交官ではなく、やり手の外交官でした。彼は元々医師でしたが、外交官に転じ、アヘン戦争後の中国に赴任し福州、上海、広州などで領事を歴任。日本に赴任するまでアジアですでに十数年のキャリアがありました。

来日当初は、列国の間でアメリカが対日外交の主導権を握っていました。しかし、オールコックの努力により次第にイギリスが主導権を確立。元治元（一八六四）年、長州藩は英仏蘭米の四国連合艦隊による下関砲撃を受けますが、これを主導したのもオールコックでした。

彼が滞在した時期は、開国への反作用が生起した時期で、米国公使秘書官殺害事件や桜田門外の変など殺傷事件が頻発しました。そのため幕府は多数の護衛を配しましたが、それにもかかわらず英国公使館は何度も襲撃に遭っています。外国人の生命・財産の安全を保障すべき幕府が責任を全うしないとして、彼は日本人を嘘つきだと繰り返し指弾しています。

また、近代文明の旗手で、七つの海を支配した大英帝国の外交官らしく、幕末の日本を〝社会制度の面ではイギリスの一二世紀ごろの状態〟〝きわめて遅れた社会状態〟と高飛車な態度で見下しています。イギリスは階級社会であり、同じ階級の人々との交流を好み、違う階級の人々を見下し皮肉ったりするところがあります。私も以前にそうしたことを体験したことがありますが、『大君の都』を読んでそのことを思い出しました。

ところが、そんなオールコックでさえも、認めざるを得ないものが日本にはあったのです。

「喜望峰以東では、ここほどよい風土にめぐまれている国はない」

まずは日本の自然・景観です。江戸市中の景観についてオールコックは、世界有数の美しさを誇り、快適で住みよい場所であると評しています。

「もし江戸に、身分の高低を問わず、数多い軍事的な家臣とか大君の役人階級が存在しないとすれば、ここは、極東においてもっとも快適な住宅地のひとつになりうるであろう。喜望峰以東では、ここほどよい風土にめぐまれている国はない。……この首都には、ヨーロッパのいかなる首都も自慢できないようなすぐれた点がある。……どの方向に向かってすすんでも、木のおいしげった丘があり、常緑の植物や大きな木で縁どられたにこやかな谷間や木陰の小道がある。……この風景と太刀打ちできるのは、イングランド地方の生垣の灌木の列の美しさぐらいなものであろう」

また、公使館の置かれた品川の東禅寺についても「江戸にはこれほどりっぱなところはない」「磨きたてたいかなる屋根も、一〇〇〇の柱をもって長くつらなる回廊も、その寺の美しさにはとてもおよばなかった」と、この上なく絶賛しています。

さらに、オールコックは箱館、熱海、瀬戸内海、長崎など日本国内をよく視察や旅行に出かけました。その旅の目的は「支配階級と大衆のあいだに実際に存在している関係、つぎに中流および下層の階級の人びととの知性の程度、そして最後に、東洋版の封建制度が農村と都会の人びとに与えた影響」の三点の調査にありました。幕府の言うことを全く信用していなかったので、自分の目で確かめたかったのです。

その旅の中でも彼は、各地の風景の美しさに魅了されます。「多くの地方の景色はきわめて美しい。たとえ壮大ではないとしても、野性味や、美しさをよくたもっている」と、どの場所においても世界に類を見ない風景の美しさに目を楽しまされると言っています。

一方、旅先で触れた日本人の心の温かさについても記しています。

当時の日本の公道には旅の疲れを癒す茶屋がわずかな間隔をおいて見かけることができました。三島に旅した時には「これらの小屋（引用者注・茶屋）では、きわめて貧しい旅行者でもわずかばかりの現金で長時間の疲労をいやすに足ると思われる食事——熱く蒸したサツマイモや油であげた魚やお茶など——を丁寧に給仕してもらえる。……ひじょうに貧乏で困っている階級の人びとにこのような必要品の供給がなされ、ほんのわずかの利益ですべての人びとに親切にするとは大したものだ」と、貧しい旅行者に対しても水一杯差し上げることを当たり前のようにしていた茶屋の給仕のレベルの高さに感心しています。

また、奈良から京都へ渡る木津川の流域で立ち寄った茶屋では「……食事の出し方はひじょうに優雅なものだった。ひとりひとりに高さ一フィートのお膳があって、三品ついていた。第一に輪切りのタケノコ、これは柔らかくて煮るとたいへんおいしいものである。つぎに塩魚、そしてご飯、それに醤油その他のちょっとした調味料があり、さらに消化を助ける酒が一本ついていた」と、美味しい食事を優雅に盛り付けし、最高の給仕で〝もてなす〟という心遣いに感動しています。

「おもてなし」という言葉が外国人を迎える上でのキーワードになっていますが、日本人が当たり前に大切にしてきたことが、現代にも受け継がれていることが窺えますね。

「この人種が多産系であることは確実であって、まさしくここは子供の楽園だ」

繰り返しになりますが、オールコックは日本に対して非常に厳しい目を持っていました。それにもかかわらず、手放しで評価せざるを得ない対象がありました。例えば、彼が日本人のあらゆる階層の人々と接する中で感じた立居振舞についてです。

「多くの人びとが、明らかに最上の服装をして外にでており、人に会うたびにまじめにていねいなあいさつを交わしていた。かれらは、両手をひざのところまでおろし、身をかがめ、息を押し殺したような感じで、口上をのべる。その身のかがめ方の深さと敬意を表する程度とが密接な関係にあることは、一見してわかる。それは、あたかもこのような出会いのよろこびや満足が、口に出していうにいわれぬひじょうに深遠な何物かであることを示しているかのようだ」

他にも「愛想がよくて理知的で、礼儀正しく上品な国民だ」「日本人は、世界中のどこの紳士にも劣らぬほど完全な紳士だ」などと、ともかく驚きを隠し切れないようです。

また、人々の生活については、

「気楽な生活を送り、欲しい物もなければ、余分な物もない」

「かれらの生活の習慣は、明らかに、きわめて単純だ。畳を敷いただけの、大きすぎることもない、概して清潔な部屋、一種の壁の凹み（床の間）にいれられている若干の棚ないし漆塗りの低い板切れ、若干の漆塗りか磁器製の茶わんと皿、および脚付きの盆……」

と、富裕な人々であれ、その日暮らしの生活をしている小売り商人や農民であれ、家の中を構成する設備は、ごくごく簡素であり、清潔を保つ手段ともなっていると言っています。

一方、外交官としての視点からか、イギリスとも比較しながら、日本の将来を担う子供たちの生活や特徴についても鋭く観察しています。

「イギリスでは近代教育のために子供から奪われつつあるひとつの美点を、日本の子供たちはもっているとわたしはいいたい。すなわち日本の子供たちは、自然の子であり、かれらの年齢にふさわしい娯楽を十分に楽しみ、大人ぶることがない。かれらはひょうきんな猿を背負った旅芸人を追っかけてゆくし、そのような楽しみからえられるような幸福より重厚な幸福は望まない」

「いたるところで、半身または全身はだかの子供の群れが、つまらぬことでわいわい騒いでいるのに出くわす。それに、ほとんどの女は、すくなくともひとりの子供を胸に、そして往々にしてもうひとりの子供を背中につれている。この人種が多産系であることは確実であって、まさしくここは子供の楽園だ」

子供をかわいがる精神的な余裕があったのは、簡素で清潔な生活の追求から余分なことを省いたことにも一因しているのかもしれません。そしてたくさんの愛情を受けて、立居振舞も立派な大人たちに育てられた子供たちは、各々の立場や仕事を持つ大人になっていき、良い連鎖が生まれ、とても幸せな社会が育まれていたことが窺えます。まさに〝親の背中を見て子は育つ〟ものなのですね。


「日本人は、おそらく世界中でもっとも器用な大工であり、指物師であり、桶屋である」


他方、そうした社会から生まれる人々の人格と技術レベルの高さについて、特に彼が驚愕したものがあります。

「日本にも、わが国のいかに優秀な技能を有する職人でもまねることができないと思われるような絹織り物や縮緬《クレープ》がある。またわれわれは、かれらの美しいほうろう細工の花瓶に匹敵するものをつくることができないし、われわれのすべての発見とその応用にもかかわらず、かれらのように街頭で小さな木炭の火鉢と火吹き竹で鉄瓶の穴を修理するようなこともできない」

「日本人は、おそらく世界中でもっとも器用な大工であり、指物師であり、桶屋である。かれらの桶・風呂・籠はすべて完全な細工の見本である」

「すべての職人的技術においては、日本人は問題なしにひじょうな優秀さに達している。磁器・青銅製品・絹織り物・漆器・冶金一般や意匠と仕上げの点で精巧な技術をみせている製品にかけては、ヨーロッパの最高の製品に匹敵するのみならず、それぞれの分野においてわれわれが模倣したり、肩を並べることができないような品物を製造することができる、となんのためらいもなしにいえる」

まさにそれは日本人の仕事に妥協を許さない誇りから生まれる職人技でした。彼が感じたものはそれだけではありません。日本人は外国製品についてもよく観察し自力での作成に研究熱心だと言っています。

こうした職人技と勤労観は、現代にも受け継がれ、様々な分野において世界で活躍する製品を生み出す原動力になっています。

さらに、彼は日本の寺院の佇まいの美しさや僧侶の礼儀正しく丁寧な対応、あるいは仏教の教えや儀式についても語っています。なかでも、「日本の寺院についてのべるに当たっては、その墓地について語ることを省略すべきではなかろう。日本の墓地は、かれらの宗教のなかではもっとも注目にあたいし、かつまた心地よいものであって、死者のいこいの場所にたいして当然われわれがいだく神聖な感じともっとも調和している」と言っており、日本人の死者に対する礼節がそこから読み取れます。

また、それは人に限ったことではありません。旅先の熱海でオールコックの愛犬が亡くなった時のことです。地元の人々は、愛犬を手厚く墓に葬ってくれたというのです。

「私の別当のかしらは、犬が死んだことを聞くとすぐにかけつけて、かご製の経かたびらに犬をつつみ、とむらいをした。私は宿所の経営者に木陰の美しい庭に犬を埋葬する許可をもとめた。するとかれは、すぐにみずからやってきて、墓を掘る手伝いをしてくれた。あらゆる階級の一団の助手たちが、あたかもかれらじしんの同族の者が死んだかのように、悲しそうな顔付きでまわりに集まってきた」

それに対しオールコックは、「日本人は、支配者によって誤らせられ、敵意をもつようにそそのかされないときには、まことに親切な国民である」と感激しています。日本人の生きとし生けるものへの慈悲深さを感じたのかもしれません。

「自分の農地を整然と保っていることにかけては、世界中で日本の農民にかなうものはないであろう」

オールコックは、民衆の生活にも着目し、幕府は将軍の専制政治でありながら幸福な国民生活をつくり出している、とみて高い評価をしています。

「自分の農地を整然と保っていることにかけては、世界中で日本の農民にかなうものはないであろう。……男や女や子供たちが、朝早くから夜遅くまで田畑にいるのを見かける」

「封建領主の圧制的な支配や全労働者階級が苦労し呻吟させられている抑圧については、かねてから多くのことを聞いている。だがこれらのよく耕作された谷間を横切ってひじょうなゆたかさのなかで家庭を営んでいる幸福で満ち足りた暮らし向きのよさそうな住民を見ていると、これが圧制に苦しみ、苛酷な税金をとり立てられて窮乏している土地だとはとても信じがたい。むしろ反対に、ヨーロッパにはこんなに幸福で暮らし向きのよい農民はいないし、またこれほど温和で贈り物の豊富な風土はどこにもないという印象をいだかざるをえなかった」

「この火山の多い国土からエデンの園をつくり出し、他の世界との交わりをいっさい断ち切ったまま、独力の国内産業によって三千万と推定される住民が着々と物質的繁栄を増進させてきている。とすれば、このような結果が可能であるところの住民を、あるいはかれらがしたがっている制度を、全面的に非難するようなことはおよそ不可能である。わたしは、専制主義や日本政府を弁護しようとしているのではなくて、一ヨーロッパ人旅行者として自然にいだく感想を述べているのである」

「エデンの園」と表現するほど、国民の幸福度の高さについて、ほとんど世界に類をみない稀有の国だと感じたようです。同時に自らの任務により、それを侵すことに罪悪感もあったかもしれません。

他方、彼は将軍に謁見できる数少ない外国人の一人でしたが、そこで感じた江戸城内の佇まいに目を見張っています。

「わたしは宮殿のなかで見たすべてのものの秩序と礼儀の正しさに心を打たれたといいたい。接見の場の事物は秩序整然としているし、装置の一般的な簡素さはほかに例がない。部屋や回廊にはすこしも家具がおかれていない――日本の貴族は、かれの農奴ないし臣下と同じく、例のごとくかかとのうえにすわって、畳からわずか数インチの高さの脚付きの小さな漆器の盛り皿で食事をし、また頭ぐらいの大きさの漆器か木製の枕で床の畳のうえに寝る。かれらは、かれらの祖先のスパルタ的な簡素さを保ち、米と魚の同じような質素な料理に甘んじて、かれらの富を吸収したり元気を奪うような外国のぜいたく品を必要としないということを本当によろこんでいるのではあるまいか」

権力者でも贅沢を好まず、シンプルな生活と機能的な建物に住んでいること、またその中にいる家臣たちの規律と礼儀正しさにも深く感銘しています。

「富士山の雪で冷やしたシャンパンで乾杯した」

オールコックの日本での事蹟を語る上で、外せないことの一つに、彼が初めて富士山に登頂した外国人だということがあります。このことに関しては、日本の何かに感心したというより、日本人の尊崇と敬愛の対象である富士山とその信仰を冒瀆するような行動をしています。彼が登山を開始したのは、万延元（一八六〇）年七月二十五日のことです。大変な疲労をしながらも頂上に至った彼は、一行の一人に火口の測量をさせています。

「この噴火口はつき出たくちびるをもつ大きな長円形をなしており、ロビンソン大尉が知っているかぎりの測量方法をつくして算定したところによると、長さは約一一〇〇ヤード、幅六〇〇ヤード、深さは約三五〇ヤードだろうということであった」

また、『大君の都』に記された内容ではありませんが、歴史学者の佐野真由子氏によると、一八六〇年十一月二十九日付の *The Times* 紙に、一行の一人がこの登頂について寄稿した内容に基づく記事が掲載されているとのことです。それによると、彼は山頂にイギリス国旗を掲揚しました。そして、噴火口に向けピストルを五発撃って範を示すと、他のメンバーもそれに倣い、「国旗に敬意を表するため……計二一発になるまでにピストルを発射して礼砲に代えた。

それから……イギリス国歌（God Save the Queen）を唱和し、最後に『恵み深い女王陛下の健康を祝して、富士山の雪で冷やしたシャンパンで乾杯した』というのです。

日本人にとって山は信仰の対象の一つであり、人間の霊魂は山からやってきて身体という箱に入り、死ねば山に帰っていくという霊魂観があるほどです。そうしたことからか、山には大きく二つの区域があり、人間が材木を伐り出したり、キノコを採種したりと、生活のため最低限の利益を得る里山に対し、人間が侵してはならない神々が宿る聖域の奥山があります。そこは深い森があることで鳥獣類や植物の生物多様性が保護され、急勾配の国土でも保水力のある山に保たれていました。しばしば里山と奥山の境界には神社や祠が存在し、自然と共生する先人からの戒めと智慧を大切にしてきた表れとも考えられます。

ましてや「霊峰富士」に外国人が登山したことだけでも当時の日本社会に与えた波紋は一つの事件でした。にもかかわらず、火口で測量を行い、英国旗を立て、あまつさえピストルを撃つなどという行動は、攘夷論者や富士山信仰者らを激憤させたに違いありません。

もっとも、山をはじめ自然界には神々が宿ると考え、共存共栄に努めてきた日本人に対し、西欧では自然は征服するものと考えます。軍事力を背景に世界中で資源を奪い取り、自国の領土を拡大してきた欧米列強の帝国主義から、「エデンの園」を捨て急速な近代化を図ることで日本を守らなければならなかった、幕末の先人達の苦労に思いを致さざるを得ません。

6

「日本の園芸家は、菊作りの技術にかけては、われわれよりも大分うわ手で、不思議と大輪の花を咲かせる」

ロバート・フォーチュン（一八一三〜一八八〇） イギリスの植物学者。一八四三年、王立園芸協会から清国に派遣され、万延元(一八六〇)年と文久元(一八六一)年の二度来日。各地で植物を購入・採集してイギリスに送った。著書『幕末日本探訪記』三宅馨訳、講談社学術文庫、一九九七年［画像：ユニフォトプレス］

ロバート・フォーチュンは、イギリスの植物学者でプラントハンター、そしてイギリスの紅茶文化の発展に貢献したことでも知られています。プラントハンターとは、植物の魅力にとりつかれ、交通や情報網が飛躍的に拡大した十九世紀に、ヨーロッパで未知だった植物の採集を目的として、世界各地を舞台に活躍した人物群のことです。

フォーチュンは、桜田門外の変で大老井伊直弼が暗殺された年、その災異も起因して改元された万延元（一八六〇）年とその翌年の二回にわたり来日し、珍種の宝庫とされていた日本での植物採集を試み、江戸（市中、近郊）、神奈川、長崎などを調査。その途上で様々な植物と、日本の多彩な文化に触れ、それをこと細かく記録しています。

「住民のはっきりとした特徴は、身分の高下を問わず、花好きなことであった」

最初に長崎に来たフォーチュンは、日本人がとても花を愛する民族だと感じています。

「住民のはっきりとした特徴は、身分の高下を問わず、花好きなことであった。良家らしい構えのどこの家も、一様に裏庭に花壇を作って、小規模だが清楚に整っていた。この花作りは、家族的な楽しみと幸せのために大変役立っていた」

当時は、花を愛好して育てるのは貴族というのが世界の通例でした。フォーチュンは日本の中流以下の民家や商店の庭にさえ花壇や盆栽があることに驚いています。

「その辺でよく眼にふれた植物は、ソテツ、ツツジ、それと私がシナからイギリスへ移植したものと同じ種類で、小形の美しい竹のほか、松、杜松、イチイ、マキ、ラカンマキ、観音竹、羊歯類などである。とにかくこれらの庭は、労働者の庭として特筆に値すると言ってよいだろう」

長崎の後、神奈川に滞在した彼は、新たな発見をします。

「傘松と呼ばれる立派な目新しいマキに出くわして欣快に堪えなかった」

「この立派な樹木がはたしてイギリスの気候に耐えられるかどうかは、さらにわれわれが実際に経験してみた上でなければ、何とも言えない。しかし、もしそれが可能であったとすれば、イギリスの鑑賞用松類の目録には、大きい掘り出し物である」

「大きい掘り出し物」とまで言った立派な樹木とはコウヤマキのことです。今では悠仁親王殿下のお印としても有名です。

そして、フォーチュンはオールコック駐日英国公使の招きで、日本で最も感銘を受けることになる江戸に入ります。英国公使館を拠点に江戸市中・郊外を調査し、非常にたくさんの発見をします。

英国公使館は品川にある東禅寺の境内にありましたが、その庭を見た時フォーチュンは「広くはないけれども、私が今までに見た中で、心惹かれる小規模の庭の一つである」と述べ、カシやカエデ、ツバキ、ウメ、マツなど様々な植物でおおわれた純日本式の庭園に感動し、「大木が庭の一部に日影をつくるとともに、別の部分には、木の間を洩れた太陽光線が、種々のまじり合った色彩の上に一面に輝いて、誰でも空想の仙境に引きずり込まれるようである」と、その美しさを見事に表現しています。

また、江戸郊外の団子坂や王子、染井村などでたくさんの植木屋を見物した様子をこう綴っています。

「どこも植物が豊富で、鉢植えや地植えのものなど、ヨーロッパにも全く新しい品種が多く、非常に興味と価値のあるものが栽培されていた」

「染井や団子坂の苗木園のいちじるしい特色は、多彩な葉をもつ観葉植物が豊富にあることだ。ヨーロッパ人の趣味が、変わり色の観葉植物と呼ばれる、自然の珍しい斑入りの葉をもつ植物を賞讃し、興味を持つようになったのは、つい数年来のことである。これに反して、私の知る限りでは、日本では千年も前から、この趣味を育てて来たということだ。その結果、日本の観葉植物は、たいてい変わった形態にして栽培するので、その多くは非常にみごとである」

観葉植物や盆栽が日本人の日常生活に欠かせない存在だったせいか、この時代の日本の園芸文化は世界最高峰であったことが窺えます。

さらに、彼は日本の風景にも感動しています。江戸から長崎に向かう途中の瀬戸内海を通った時のことです。

「眺望の主眼は、奇異で空想的な丘や谷間、峨々たる岩石など、それらの人工を加えない野生のままの自然の風景にある。讃美した入り江に沿った町や村に相対して、われわれ小人数の一行の一人ならず、この美しい『内海』の海岸に日向ぼこでもしながらこの海辺に住み、そして『林間の隠者』となって、そのような風景の中で余生を送りたいと、口をそろえて言う」

「そのような風景の中で余生を送りたい」なんて、最高の賛辞ですね。

「私の目的の一つは、イギリスの在来品種のアオキの雌木のために、雄木の品種を手に入れることであった」

ところで、フォーチュンが日本で成果を得たかった最大の目的はなんだったのでしょうか。

「私の目的の一つは、イギリスの在来品種のアオキの雌木のために、雄木の品種を手に入れることであった。これは恐らく、イギリス人が所有するものとしては、最も耐寒性で、有用な外来種の常緑灌木である。この植物は英国の厳冬にも寒害はなく、またロンドンのスモッグの中でも、他の植物よりもよく生育する。だから公園や街の広場やロンドン市民の家の庭にも、どこにでも見られる非常に普遍的な植物の一つである。しかし英国では、私が日本で見たように、この木に深紅色の果実がいっぱい実っているのを見た者は、一人もいない」

当時のロンドンを始めとしてイギリスの都市は、環境の劣悪化に悩んでいました。日本独自の観葉植物、とりわけアオキの収集と栽培の技術を導入するためにフォーチュンは特に熱意を示しますが、遂にそれを江戸で発見したのです。

「私は江戸の近傍の森の木蔭で、偶然、日本のアオキの本当の種類を見付けた。もちろん、イギリスの庭にある葉に斑のあるアオキは、その日本種の唯一の変種であることは疑わない。この種のアオキは、つやつやした緑の葉が美しく光って、冬から春の間にかわいらしい赤い漿果が鈴なりになる。……まことに『日本の西洋ヒイラギ』である」

フォーチュンはこうした発見をイギリスの王立園芸協会（ガーデニング・園芸の奨励を目的とする慈善団体）に大きな成果としてもたらしました。

未知の植物の採集のために日本にやってきたフォーチュンは、植物学者ならではの視点から、数々の点で欧米よりも先を行っている日本の園芸文化に驚きを示しています。

「サボテンやアロエのような南米の植物を注目した。それらはまだシナでは知られていないのに、日本へは来ていたのである。実際それは識見のある日本人の進取の気質をあらわしている」

また浅草で菊作りを見た時は、掛け値なしに高く評価しています。

「日本の園芸家は、菊作りの技術にかけては、われわれよりも大分うわ手で、不思議と大輪の花を咲かせる。が、その世話が大変なもので、良質の土壌と、そして一本の茎にわずか一輪か二輪の花を咲かせることに成功している」

ちなみに、植物に関連してフォーチュンは日本の紙文化にも瞠目しています。

「日本紙がカミノキ（カジノキ）の樹皮から作られていることを述べておきたい。日本紙は特に装飾用として、室内に張るのに大変適している。手ざわりが絹みたいで体裁もよく、図柄の多くは大変あっさりして洗練されている。扇面をパッとひらいたような図柄は、駐日外国人宅に好んで使われている」

「……日本の油紙は非常に品質優良で、用途は多方面に利用されている。どんな雨にも耐えられるので、きわめて安価な雨合羽を着用することができる。上等な絹織物や他の高価な織物を、雨や湿気から守る包紙としても重宝である。また、非常に丈夫なので、しばしば錫や鉛の代りに包装に使われる。革のように耐久力の強い文箱も紙で作られるし、同様に封筒、財布、たばこ入れ、傘その他、あらゆる日用品が紙でできている。これらの用途に付け加えると、西洋では硝子を適用している窓に、日本では紙を用いている」

第4章のオリファントのところでも書きましたが、紙をこれほどいろいろな物に使っていたというのは現代のわれわれにとっても驚きですから、フォーチュンが驚いたのは当然かもしれません。

なお、ここでは割愛しますが、フォーチュンは植物のほかに日本人の生活や文化についてもよく観察しており、当時の日本人の民度の高さを逆に教えられます。興味のある方はぜひご一読をお薦めします。

7
「日本料理は大変種類に富んでいて、まさに文明民族のものである」

ルドルフ・リンダウ（一八三〇〜一九一〇）プロイセン出身のスイス使節。安政六（一八五九）年、スイス通商調査派遣隊隊長として来日。文久元（一八六一）年に再来日した際に日本周遊。元治元（一八六四）年にはスイス駐日領事として来日した。著書『スイス領事の見た幕末日本』森本英夫訳、新人物往来社、一九八六年

ルドルフ・リンダウは、プロイセン出身の外交官であり文筆家でもありましたが、縁あってスイス通商調査派遣隊の隊長となり、安政六（一八五九）年の日本にやってきます。当時のヨーロッパでは、他国でも優秀な人材であれば、国の重要任務を託すことがあったようです。

リンダウは、日本の市場調査と幕府との交渉目的で来日します。しかし、進捗しないまま、いったん日本を去り、二年後の文久元（一八六一）年に再び来日します。

彼が来日した時期は、攘夷の嵐が吹き荒れる時期でした。なぜ攘夷の気運がそこまで高まっ

ていったのか。今日では、攘夷といえば、「排外主義の志士らによる無謀なテロ」というようなイメージがもっぱらですが、果たしてそう言い切れるものだったのでしょうか――。

「最も品位に欠けたヨーロッパ人が来るようになってから、日本人の心の平和と幸せはめちゃめちゃにされてしまった」

まず、外国人が日本人を怒らせてしまったのは、大量の金の海外流出問題です。開港時の条約交渉では、外国通貨との交換比率は「同種同量」の原則で合意され、洋銀一枚は一分銀と等価とされました。しかし、アメリカの総領事ハリスは、国際市場では一分銀に含まれる銀素材の価値が三分の一ドル分しかないことを主張し、強引に交換比率の改定を押し付けました（41ページ参照）。幕府としては、強大な武力を背景とした圧力外交に押されての、致し方ない受諾でした。

経済史の専門家、武田晴人氏によると、この不利な交換比率によって、例えばこんなことが起こりました。洋銀四枚を、日本で銀に交換すると一分銀十二枚になります。十二枚の一分銀は金の小判三枚に交換できます。その三枚の小判を海外に持ち込むと、銀貨十二枚に。これにより、日本の巨額の金貨が海外に流出し、インフレによる幕末の経済的な混乱を激しいものにしました。そして、開国直後に来た外国人は、これを利用してみんなぼろ儲けしたのです。

中井晶夫著『初期日本＝スイス関係史』（風間書房、一九七一年）に収録されている、リンダウが一八六二年にスイス政府に送った報告書にはそのことも書かれています。

「多額の資金をシナやヨーロッパからとりよせた外国商人たちは……メキシコドルの払い込みと引き換えに日本貨幣を手に入れようと狂奔したのである。これは外国商人と日本の官吏との間の紛争の種となった。そして短期間のうちに、両者の間に尖鋭化した気分が生まれたのである。横浜および長崎の外人移民は増加し、すでに一八五九年の末ごろには、日本のあらゆる地方へ向かって広まった。そして上記の港が外国貿易のために開かれて僅か六か月の後に、日本人と外人とは、全体として敵対的な関係に入っていたのである。

ヨーロッパ人やアメリカ人は、日本人と再び和解しようとする努力を余りせず、反対に、ごく僅かな例外を除いては、貴賤を問わず、畏怖を与えることのみを当てこんだ政策に従ったことは疑いない。そして好意や信頼を得るか否かについて、ほとんど意に介しなかったのである」

また、列強が清やアジアを蹂躙してきた歴史を念頭にこう続けます。

「外国人の来日がこの国の大きな内紛の原因であり、またおそらくこの国の大きな不幸の原因であったことを顧慮するならば、またシナにおける悲しむべきまた教訓的な事例を見、西欧列強との結合が東洋の国民を結局どのような運命に導くかを示していると日本が知ったとすれば、さらにまた、日本における外人の存在によって、日本政府の安全、権力および威信が極端に危険にさらされたことを見たうえ、同政府の立場に立ったとするならば、弱者が強者の侵入に対してつねにとる行動が、まさに日本政府の西欧列強に対するものであることを認めねばなるまい……キリスト教的文明が野蛮な民族の中へ入っていく所ではどこでも、その文明によって幸福になるべきその民族に、当座のうちは大きな悲惨を及ぼしているからである」

それだけではありません。攘夷の気運に拍車をかけることになった背景には、外国人が犯した数々の悪行がありました。このことについて、松原久子著、田中敏訳『驕れる白人と闘うための日本近代史』（文春文庫、二〇〇八年）という本に、リンダウの記述が紹介されています。

「技術が生み出した傑作である我らが船、色鮮やかで金ぴかな制服、威風堂々たる観兵式、素晴らしい音楽、それらは全て、遠くからは日本人たちを感嘆させた。しかし身近なところでは、我々は日本人の尊敬を全く失ってしまった。洗練されたマナーや高貴な道徳ばかりでなく、人間としての最低限の要件まで失ってしまった。最も品位に欠けたヨーロッパ人が来るようになってから、日本人の心の平和と幸せはめちゃめちゃにされてしまった。白人のいるところには、いつも危険と恐怖があった。酔っ払って大暴れする、私と同じ人種の黄金の亡者たちのやることは、悪行ばかりだった。彼らはわめき声をあげながら町を歩き回り、店に押し入り、略奪した。止めようとする者は蹴られ、殴られ、刺し殺され、あるいは撃ち殺された。我が同胞たちは、通りで婦女を強姦した。寺の柱に小便をかけ、金箔の祭壇と仏像を強奪した」

帝国主義の時代、欧米諸国はインディアンやアボリジニー、アジア諸国の人々など、先住民族の生命や尊厳を犯しましたが、日本でも同様のことが行なわれたということがわかります。

そうした中で、幕末の志士たちを中心に攘夷の気運が高まりをみせるわけです。日本思想史が専門の松浦光修皇學館大学教授は「攘夷は『テロリスト』が外国人に噛みついた、という話でも何でもない。〝罪のない女子供をオレたち武士が守らなくて誰が守るのだ〟という義憤をもとにしたものであって、一個の独立国家としては自然な反応だったと思います」(『明日への選択』平成三十年五月号)と述べていますが、このリンダウの記述を読むと、本当にその通りだと思います。

「せんだっては、おおきに、有り難う」

さて、リンダウには一八六四年に出版した『スイス領事の見た幕末日本』という著作があります。これは非常に公平な視点から、様々な日本の文化や人々の営みを詳細に記録した本として評されています。

まず、日本人の親切な国民性を紹介した印象深い記述をいくつか見ていきましょう。

「初めて大浦に滞在した時私の世話をしてくれたまさに同じ日本人の召使が、部屋に入って来た。すぐに私を認め、大層な喜びようだった。『せんだっては、おおきに、有り難う』が、この召使の最初の言葉だった。これは『昔の厚意に感謝します』という意味で、私がこれから再会しようとしている国民の親切な性質をよく表しているのである。この歓迎の挨拶は日本では一般的な習慣で、長い、短いにかかわらず、会わずにいて、再会した時に用いられる言葉である。私はいつも嬉しい気持ちでこの言葉を聞いたものである。友人なり恩人なりが戻って来た時、人間が最初に思い浮かべることが、前に受けた親切な行為の懐かしい思い出であるのは素晴らしいことであるし、その最初の言葉が感謝の気持ちの表れであるのは心地好いものである。快適であったことだけを記憶に留めておくために、この言葉のもつ響きは、過去の平穏さを乱すことになるうやむやな思いのすべてを雲散霧消させてくれるに違いないのである」

「長崎の北には、湾に注ぐ川の流れる幅広い谷が広がっていて、農夫達が沢山、静かに住み着いている。私はよく独りでピクニックと洒落て遠出の遠足をしたが、彼等に近付きになりたい気持ちが湧くたびに、いつも農夫達の素晴らしい歓迎を受けたことを決して忘れないであろう。火を求めて農家の玄関先に立ち寄ると、直ちに男の子か女の子があわてて火鉢を持って来てくれるのであった。私が家の中に入るやいなや、父親は私に腰掛けるように勧め、母親は、丁寧に挨拶をして、お茶を出してくれる。家族全員が私の周りに集まり、気分を害することを用心する必要もない、子供っぽい好奇心で私をじろじろ見るのであった。最も大胆な者は私の服の生地を手で触り、ちっちゃな女の子がたまたま私の髪の毛に触って、笑いながら同時に恥ずかしそうに、逃げ出して行くこともあった。幾つかの金属製のボタンを与えると、子供達はすっかり喜ぶのだった。『大変有り難う』と、皆揃って何度も繰り返してお礼を言う。そして跪いて、可愛い頭を下げて優しく微笑むのであったが、社会の下の階層の中でそんな態度に出会って、全く驚いた次第である。私が遠ざかって行くと、道のはずれ迄見送ってくれて、殆ど見えなくなってもまだ、『さよなら、またみょうにち』と私に叫んでいる、あの友情の籠った声が聞こえるのであった」

また、国民性に関してこんな記述もあります。火事が多かった江戸の町。外国公使館も決してその例外ではありませんでした。そうした中、活躍した火消達の勇敢さについて、こんな賛辞を述べています。

「初めて私が江戸に滞在した時、フランス公使館の本部である済海寺が完全な破壊から逃れたのは、その寺院を護るための、火消達の勇気ある努力のおかげであった。……彼（引用者注・初代駐日フランス公使のデュシエーヌ・ドゥ・ベルクールのこと）の部屋の家具や品物は一つとして壊されても失われてもいなかった。彼自身もこの上ない尊敬をもって取り扱われたのであった」

リンダウは、日本人のとても親切で優しく、そして時には勇敢かつ仕事に誇りを持つ国民性に触れて、深い感銘を受けています。

「日本料理は大変種類に富んでいて、まさに文明民族のものである」

一方、リンダウは日本の料理についても、とても興味深く記録しています。当時の日本人は西欧諸国の人々のように牛や豚のような肉を食べないけれども、米を主食として創意工夫した料理を食べていることをリンダウは紹介し、次のように述べています。

「日本料理は大変種類に富んでいて、まさに文明民族のものである。私はその点を強調しておこう」

また、人を感動させるほどの日本人の創意工夫とおもてなしに感動して、次のように述べています。

「上手な日本料理の板前は、ヴァーテル（十七世紀フランスのコンデ公の料理長として有名）と同じように、目を楽しませる料理を準備する技を持っており、社会の最も低い階層においてすら、食欲をそそる方法で食事を供するように努めている。不潔というのは、私がこれまで、何一つ不平を言ったり聞いたりしたことがない程までに無縁のことである。だから私が金沢の旅籠で供された食事に敬意を表するのは活発な食欲をもてたことと、何一つ嫌悪感がなかったことである」

さらに、料理を楽しむ機会には、私が大好きなお酒が欠かせませんが、日本人が飲み会好きで、大勢で食卓を楽しく囲む場面を記録にとどめています。

「酒をたしなむ機会は稀ではない。日本人は世界で最も人付き合いのよい人間なので、快く夕食に招き、食卓を囲んで友達と集うのが好きだからである。そんな時、熱く燗をした酒や、あるいは冷酒が、とりわけ食事の終わるころに、お茶の代わりに出されるのである」

古くから日本人は、自然と共存共栄していく生活を営んできました。自然の恵みを得ることで自らの命を育んでいる根源に感謝してきた結果、隣人を大切にし、共に仲間として生きているその瞬間を喜び、大切にする気質が育まれたのではないでしょうか。リンダウのこの本を読むと、誰に対しても親切で、勇敢で責任感もある国民性は、そうした日本人のライフスタイルから自ずと育まれたものと、改めて感じます。

8

「五〇年後にはアジア全体でもっとも豊かで、もっとも幸福で、しかももっとも強力な国になり、中国をはるかに凌ぐ国になるだろう」

ラインホルト・ヴェルナー（一八二五〜一九〇九）　プロイセン海軍士官・艦長。万延元（一八六〇）年、輸送艦エルベ号の艦長として来日。著書『エルベ号艦長幕末記』金森誠也・安藤勉訳、新人物往来社、一九九〇年［画像：ユニフォトプレス］

ラインホルト・ヴェルナーは、一八六〇年から一八六二年にかけて日本を訪れた、プロイセンのオイレンブルク伯使節団の一員で、使節団を運んできたエルベ号の艦長・海軍将校です。

エルベ号が来日したのは、桜田門外の変が起こった万延元（一八六〇）年のこと。その二年前に日米が通商条約を締結したのを皮切りに、英、仏など五カ国が次々と通商条約を締結する中、当時まだ統一国家になっていなかったドイツにおいて、日本との通商を望む声が高まります。

特に有力国のプロイセンは、プロイセン国王とドイツ関税同盟の代理者として、通商締結を目的とした使節団を日本に派遣します。

オイレンブルク伯は、幕府との会談を重ね、ついに一八六一年、条約の締結に成功しましたが、その内容はドイツ関税同盟・ハンザ同盟加盟都市などを含めたドイツ全体との条約締結ではなく、プロイセン一国との通商条約の成立という、当初の意図とは違う成果でした。もっとこの数年後には明治維新となり、ドイツ帝国も成立し、日独関係は緊密になっていきます。

さて、ヴェルナーは、約二年間というわずかな滞在期間に、当時の日本の政治、経済、文化、風俗などを総合的に観察し、多くのことを絶賛しています。ただし、一方では僧侶やお歯黒、女性の化粧などに対しては低評価を下すなど、率直な見方をしています。そして、その観察眼と表現力は、第4章で紹介したオリファントと同様に、まるでスパイかと思わせるほど、日本をよく見ています。ヴェルナーはいったい、日本をどう見たのでしょうか。

「長崎の港口は、これら三港のすべてにまさっている」

まずは風景です。私は以前、江戸・明治の頃の長崎を撮影した写真展に行ったことがあります（東京都写真美術館「写真発祥地の原風景・長崎」、二〇一八年）。数々の風景や人々の生活を撮影した写真からは、文献だけではわからないとてもリアルな当時の様子が窺われ、しばらく時を忘れて見入りました。こうした長崎の風景を、当時の我が国における諸外国との玄関口として日本を訪れた数々の外国人が絶賛していますが、ヴェルナーはこの長崎を最高の賛辞で記した人でした。

「われわれはすでに港の美しさについて多くのことを聞いていた。しかしわれわれの期待は、現実によってまったく凌駕された。そしてわたしが世界を周遊したかぎりでは、けっして何か類似のものを見た覚えがない。リオ・デ・ジャネイロ、リスボン、コンスタンチノープル（イスタンブール）は世界でもっとも美しい三つの港として有名であり、わたしもこの見方にこれまで同感であった。しかし長崎の港口は、これら三港のすべてにまさっている。まるで自然がロマンティックな美しさ、愛らしさ、それに壮大さに関して成就しうるすべてをここに集中したかのように思われる。そのうえ日本の技芸がたとえ無意識であっても、全体の調和を完成させている」

また、長崎の周辺地域も美しかったようです。

「長崎の周辺地域も長崎湾に負けず劣らず美しかった。天領の境界上にある漁村、茂木、網場まで二時間ほど馬に乗って行くと、想像を絶するようなロマンティックな風景があとからあとからひきも切らず展開された。千変万化の自然美は、行けども行けども尽きることがなかった。一〇〇歩も進めば、その都度、道が曲がるかあるいは新しい名勝が見える小高い場所に出るかした。そこは、長崎湾岸のように、雄大さと結びついた美しさと完璧な調和によって、抵抗しがたい魔力をもっていた」

さらに、この目を奪うような日本の美しい風景は、長崎だけでなく、各地に存在したことをヴェルナーは記録しています。

そして、その美しく豊かな自然と調和を保ちながら生きていくことで、自ずと培われた日本人の感性についても、彼は読み取っています。

「日本の山、谷、森、渓流、浜辺、海などには、詩趣が満ちあふれ、それが人々の情緒に目には見えない影響を与えている。庭園は、その自然の詩趣の静かなる影響の成果である。自然の忠実な模写は、自然のもつ美が十二分に感受されていることの証明にほかならない。このような感受性が、ありとあらゆる善きものの理解につながる」

「読み書きが全然できない文盲は全体の一パーセントにすぎない」

次に挙げたいのは日本人の各層に至るまでの識字率の高さにヴェルナーが驚嘆したことです。

「日本では、召使い女がたがいに親しい友達に手紙を書くために、余暇を利用し、ぼろをまとった肉体労働者でも、読み書きができることでわれわれを驚かす。民衆教育についてわれわれが観察したところによれば、読み書きが全然できない文盲は全体の一パーセントにすぎない。世界の他のどこの国が、自国についてこのようなことを主張できようか」

上流階級はもちろん、庶民に至るまで読み書きができることは、世界水準を大きく上回っていたことがわかります。

江戸時代は良質な教育が行なわれていたことを窺わせる記述ですが、一方でヴェルナーは階層や職種にかかわらず日本人は礼儀を重んじることを記録した上で、そうした立居振舞は子供の頃からごく当たり前に教育されていることから形成されていると捉えています。

「道路掃除の人夫でも召使い女でも同僚と会った場合には、上流階級の人々と同様な上品で独創的なあいさつをする。たとえば、数人の知り合いが路上で出会ったとき、彼らはいずれもたがいに数歩離れた場所に立ちどまり、身をかがめ、両手をひざの上にのせ、たえずおじぎを繰り返し『おはよう』『さよなら』といいながらすねをこすりあわせる。……同僚の場合には二人とも相対してあいさつするが、下層の者が上層の者に対してあいさつする場合はいともおごそかなあいさつが行われる」

「子どもたちは奇妙なほど行儀がよかった。そもそも青少年は適切に教育されており、いわゆる町の腕白小僧は日本にはいない。たしかに部分的には日本人の落ち着いた上品なそして柔和的本質は、生まれながらの性格に由来しているかもしれないが、その大部分は、かならずや教育の結果であろう」

ちなみに、ヴェルナーは日本人女性についても、好意的に紹介しています。

「日本女性は、茶屋であるいは家庭で教育されるのを問わず、慎み深い様子と洗練された態度によって特徴づけられる。羞恥心のない女性は、ヨーロッパでは下品であり、不愉快であり、そしてその性格は明らかに態度によって示される。日本女性には、控え目なこと、優美なことは生まれながらにして備わっており、けっしてこれらの美点はかくされることはなく、けっして下品になることはない」

学問や教育に熱心な日本人に興味を惹かれたのか、ヴェルナーは日本人の性質をいろいろと考察していますが、例えば日本人が好奇心旺盛で、知識を得るためにはなりふりかまわず貪欲であると捉えています。

「日本の学問それ自体は、中国よりもずっと高い水準にある。日本人は発展途上の文化的民族であり、隣国の中国人よりもすぐれた偉大な精神的特質を備えている。日本人はおのれ自身を過大評価することなく、自分を地球上で唯一の教養ある民族であるとみなす笑うべき尊大さをもっていない。その逆に、日本人は喜んでヨーロッパ人の優越性を認識し、ひるむことなくヨーロッパ人を師とあおぎ、彼らの行動や書籍から、おのれ自身が知らないことを習得しようとつとめている。そのさい日本人の異常なほどの模倣能力がきわめて役立っている。しかもこの能力は、中国におけるように、機械的、形式的なものに制限されず、理念や精神の理解にまで及んでいる。

日本人の好奇心は異常に強い。そして猜疑心の強い幕府の出先機関によってたち聞きされる心配のないときには、彼らは外国人に質問することによって、あらゆる方式でおのれの知識の蓄積をふやしていこうとつとめている」

こうした日本人の性格は、町にこんなものを溢れさせます。

「至る所に書店がある。さらにすべての古書店に民衆が好んで買い求め愛読する古書が山積されている」

そして、陳列される本の内容も、観察能力の高さが窺えるものが多くありました。

「技術的、自然科学的内容のものが多かった。たとえば遠征隊に加わった農業関係者は、一八冊に及ぶ四つ折り判の農業技術百科全書を入手したが、これにはすばらしく精巧につくられた数千枚の木版画が文中に印刷されていた。これらの木版画は、あまりにも微細忠実に描かれているので、日本語に通じない者にも実に内容が豊富で、きめのこまかい文章の意味をさとらせてくれる。わたし自身は、日本近海に出没する海魚の図版と記述を含む三巻本の自然誌を所有している。素描はきわめて正確であり、銅版画の彩色もあまりに自然なので、これがどの魚だということがすぐわかる」

「日本のデザインは、一から十まで独創的で魅力に富み」

一方、日本人は海外から輸入されたものを、精巧に模倣するだけでなく、それに工夫を加え、さらに素晴らしい作品に仕上げる能力があると称賛しています。

「磁器はすこぶるすばらしい。中国の磁器にくらべると優雅で透きとおるような美しさをもっており、同時に強度も大変優れている」

「日本のデザインは、一から十まで独創的で魅力に富み、絶妙な美しさと繊細さの点では日本が誇る漆器と一脈相通ずるものがある。なかでも、特にわたしの心をとらえたのは、すぐれた熟練作業によってつくり出される豪奢な絵模様が独創的なアンバランス――このような表現が許されるなら――を示していることである。たとえば、座卓、たんす、衣装箱などでは、絵柄はけっして左右対称でもないし、中央部に描かれてもいないが、このようなアンバランスはたとえようもない魅力をかもしだしている」

「われわれヨーロッパ人がどうあがいても足もとにも及ばない螺鈿《らでん》木工細工も同様である。わたしは寄せ木細工のたんすを所有しているが、模様ひとつとっても、どれも似ているものはなく、変化に富んでいる」

日本の磁器や螺鈿細工は発祥地を遙かに凌ぐほど高度に洗練されている。このようにみたヴェルナーは、こう予見します。

「数々のヨーロッパ製品に対し、日本国内からいずれ強敵が出現するのは目に見えている。日本民族の器用さと模倣の才能は、確実にこのことを予想させる。日本市場をあらん限りのヨーロッパ製品で埋めつくすことができるなどとは夢々考えてはならない」

「彼らは愛嬌があり、友好的であり、教育もあり、しかも上品だ」

ヴェルナーは、日本人の性格や生活習慣、風俗など、とても人間くさいところにまで注目しています。例えば、混浴です。

「公衆浴場でも同様に、男、女、主婦、老人、若い娘、青少年が混浴するが、だれも当惑した様子がない。主婦は三助に奉仕され体を洗ってもらうが、そのさい彼女たちは海水パンツをはいているわけでもバスローブをまとっているわけでもない。一般にこうした方面では日本人の性格の裏面が現れている。彼らは愛嬌があり、友好的であり、教育もあり、しかも上品だ」

しかし、そこは欧米人。キリスト教的価値観では裸はタブーです。美術史家の田中英道氏によると、日本の浮世絵に出合うまで、西洋の画家たちは聖書に登場する神々の裸の絵でしかそれを表現できませんでした。

それに対して、江戸時代の日本人はとても大らかでした。むろん、ヴェルナーの目には「大らか」とは映りません。

「日本人は恥知らずであるが、それは彼らがそもそも恥とは何かを知らないからだ。日本では、たとえば道路に面している浴場のとびらの中から、湯あがりの姿の若い娘が、うちわで身体をあおぎながら通行人としゃべっていても別に不道徳だとはみなされない。こうした仕草を見てもだれも衝撃を受けない」

こうした欧米人の価値観を知り、後の明治政府は、日本が未開の国だという誤解を招くことを恐れ、混浴を禁じることになります。

「かならずや日本は大いなる未来に向かって躍進するだろう」

ヴェルナーは日本に約二年間滞在し、日本を深く観察しましたが、最後に日本の行く末について「予言」しています。明治維新に遡ること六年前のことです。当時はまだ攘夷の嵐が吹き荒れている頃で、ハリスの秘書であったヒュースケン殺害事件等が起こっています。ヒュースケンの葬儀には各国代表が参列し、ヴェルナーのプロイセンには水兵と海兵隊五十名でこの葬列を護衛する役割が与えられました。ヴェルナーの記録は、維新どころか倒幕さえ考えられない頃に書かれたものですが、その後の展開を知る後世の我々から見ると、あまりにも的中していることに驚かされます。以下、じっくり読んでみましょう。

「われわれが日本の国土と人々から受けた印象は、きわめて好ましい。攘夷派のように反動的政策を掲げる徒輩もいないわけではないが、かならずや日本は大いなる未来に向かって躍進するだろう……日本は、じきに独立を失い、ロシアの一州となるか、あるいは英、米、仏三国の手中にある道具としての弱小国になるのでなければ、これまでの体制とはっきり断絶し、進歩の道を歩まなければなるまい。だが、外国によって支配されることには、これまで一度も経験したことのない日本人の民族的な誇りが、きわめて精力的に反抗するであろう」

「民族一般の教養、野蛮な行為によって汚染されない穏やかな平和的特性、慢心と侮辱とは無縁な高貴な国民感情、繊細な名誉心、それに知識欲――これらすべてが、個人の自由の乱用に対する安全弁となろう」

「日本は現在わずか三五〇〇万の人口しかないが、五〇年後にはアジア全体でもっとも豊かで、もっとも幸福で、しかももっとも強力な国になり、中国をはるかに凌ぐ国になるだろうと確信しつつ、日本から別れを告げた。この国土をわたしと同じように詳しく知るようになった人々が、あらゆる観測者に知らず知らずのうち迫ってくるこの確信を、わたしとわかちもつようになるだろうと信じている。そしてわたしは、そのために楽天家とみられることをおそれはしない。日本人を尊敬し愛することを学んだわたしは、長い、動揺に満ちた一生を通じてたしかに十分に外国のことを学んだが、日本人についてと同じことを他の民族のいずれについてもいうことはほとんどできないのだ」

明治時代に突入すると、この予言のように、日本は急速な変革を遂げ、じきに欧米諸国と肩を並べる勢いで成長していきます。しかし、その所以は、自ずと備わった日本人の感性があったからこそ成し得たのだ、ということをヴェルナーは言いたかったに違いありません。

9

「炯眼の秀吉が、このヨーロッパの、とりわけイスパニアの政治の気運を察知しなかったはずがあろうか」

ニコライ（一八三六〜一九一二）　ロシア正教会大主教。日本ハリストス正教会の創始者。文久元（一八六一）年、箱館のロシア領事館付き司祭として来日し、布教。明治三十九（一九〇六）年、大主教となる。著書『ニコライの見た幕末日本』中村健之介訳、講談社学術文庫、一九七九年

大主教ニコライは、幕末から明治の夜明けを経て日露戦争の後まで日本に留まり永眠したロシア人で、日本に正教（ロシア正教）を伝道しました。

日米和親条約が締結されたその八カ月後の安政元（一八五五）年十二月、ロシアは日本との間で日露和親条約を締結します。ニコライはそれから六年後の文久元（一八六一）年、箱館にあったロシア領事館附属礼拝堂の司祭として着任します。その後、明治五（一八七二）年にロシア公使館が東京に開設されると同時にニコライは東京に移ります。そこで彼は、日本におい

てキリスト教が、なぜこれまで普及することがなかったのか、その歴史的経緯や日本人が信奉する神道や仏教などの宗教についても研究し、日本に正教を伝道するために精力的かつ粘り強く活動しました。

本章で扱う『ニコライの見た幕末日本』は、明治政府が成立して間もない一八六九年にロシアに一時帰国した際、ロシアの雑誌に発表したニコライによる最初の日本紹介です。

「この国の上層社会の無神論と下層社会の宗教に対する無関心とは、まぎれもなく、宗教の教義の貧弱さから来ている」

ニコライの日本に対する評価は、なかなか厳しいものがあります。特に神道については、次のように語っています。

「この国の上層社会の無神論と下層社会の宗教に対する無関心とは、まぎれもなく、宗教の教義の貧弱さから来ている」

「このような宗教は、明らかに、文化程度のきわめて低い無知な民族にのみ認められるものである……自分に衝撃を与えるもの、驚嘆を呼び覚ますものならば何に対してもためらわず神として崇敬を捧げる、その程度の知的発達段階にある民族である」

神職の私からすれば、日本人ほど信仰心の篤い民族はいないと感じています。教義がないということは、裏を返せば言葉ではなく自然との共生という生活の中から学習するということでもあります。また日本人は当たり前のように、正月には神社にお参りし、お盆にはお寺にお墓参りに行くというように、外来の宗教でも長所を自分の生活習俗に上手に融合して信仰を篤くする、しなやかな気質を持っているというのが私の解釈ですが、ここでは一旦措きます。

しかし、そんなニコライでも日本について評価せざるを得なかった点があります。その一つは教育水準の高さです。

「……国民の全階層にはほとんど同程度にむらなく教育がゆきわたっている。この国では孔子が学問知識のアルファかつオメガであるということになっている。だが、その孔子は、学問のある日本人は一字一句まで暗記しているものなのであり、最も身分の低い庶民でさえかなりよく知っているのである。彼ら庶民は大半が孔子を教材として読み書きを習うのである」

ニコライはある貸本屋を覗いた時の様子をこう書いています。

「手垢に汚れぬまっさらの本など見当たらない。それどころか、本はどれも手擦れしてぼろぼろになっており、ページによっては何が書いてあるのか読みとれないほどなのだ。日本の民衆が如何に本を読むかの明白なる証拠である」

またこんなことも言っています。

「読み書きができて本を読む人間の数においては、日本はヨーロッパ西部諸国のどこの国にも退けを取らない。(ロシアについては言うも愚かだ!)日本の本は、最も幼稚な本でさえ、半分は漢字で書かれているのに、それでもなおかつそうなのである。漢字の読み方を一通り覚えるだけでも、三、四年はたちまち経ってしまうというのに！　それなのに日本人は、文字を習うに真に熱心である。この国を愚鈍と言うことができるだろうか？」

「ヨーロッパ人と親密に交わることは止め、そうすることによってヨーロッパ人の貪欲な欲望から自国を守る」

本章の冒頭で、ニコライは東京に来てからなぜキリスト教が日本で普及してこなかったのかを研究したと言いましたが、彼は西洋人とは違い、ロシア人で正教（ロシア正教）の立場から、客観的な視点で歴史を分析しています。これが興味深いので紹介します。

西洋諸国は大航海時代以降の約四百年間、有色民族たる非西洋人は劣等人間として支配されるべきであり、異教徒はキリスト教の神の名においてその存在を許されないとし、非西洋人に対して、乱暴、不正、略奪、虐殺、隷属、侵略とあらゆる数々の許されざる悪行を働きました。そのことをニコライは次のように語っているのです。

「ヨーロッパにとってこの世紀は新しい国々がぞくぞくと発見されていった世紀であり、同時に、数々の恐るべき政治的暴虐の世紀でもあった。

ヨーロッパによって新たに発見された国々の民にとっては、当時最強の国の一つイスパニアはいわばとりわけ苛酷な天災であった。一例として、コルテスとピサロの大破壊事業を想い出しておこう。

一五二二年にメキシコ帝国が壊滅し、一五三三年にはペルー帝国が滅び去っている。これら両国とも、文明の発達度においても武力においても、日本にひけをとるものではなかった。両国はイスパニアの武将たちを暖かく迎えたのであった。ところが、それに報いるにイスパニアの武将たちは厚顔無恥も極まる狡猾をもってし、原地人のあらゆる権利を踏みにじり、彼らをして異国の支配権の下に屈服せしめ、自由だった人々を一人残らず悲惨極まりない奴隷となしたのである。そして、宣教師たちがその征服者たちと常に行をともにしており、征服者たちはあたかも十字架の栄光のために行動していた如くであったということ、そのこともまた忘れてはならないだろう」

日本では織田信長の時代に西洋人が現れ、その後信長によりキリスト教の布教が許されます。武家社会を中心に次第にキリスト教信者が増える中、信長亡き後豊臣秀吉は、当初キリスト教を擁護しましたが、後に禁教します。その理由についてニコライはこう分析しています。

「炯眼《けいがん》の秀吉が、このヨーロッパの、とりわけイスパニアの政治の気運を察知しなかったはずがあろうか。他の新発見の国々の例から自国にとっての教訓を抽き出さなかったはずがあろうか。そして、正しい判断を下すことを怠ったはずがあろうか。そして、自分の国がそれら征服された国々と同じ運命を辿らぬように、その教訓に従って断固たる手を打たないでいたはずがあろうか」

「『キリスト教は優れている。しかしそれはわが国には適さない』――これが、禁止令に抗議した一人の宣教師に対する秀吉の短い返答であった。そしてこの返答は秀吉の考え方をよく表している。彼はキリスト教を知っており、それを評価していた。だが同時に、それを追放する必要があると考えた。その理由は？　キリスト教はこの国にとって危険なものだと彼が考えたという以外に理由はありえない。彼が必要としたのは本当は、キリスト教の追放ではなく、ヨーロッパ人の追放であったのだ。ヨーロッパ人と親密に交わることは止め、そうすることによってヨーロッパ人の貪欲な欲望から自国を守ることだった」

宣教師は非西洋世界侵略の尖兵としての役割も果たしていました。秀吉はそれを見抜いていたのです。秀吉の次に天下人となった徳川家康もキリスト教を禁じ、のちに島原の乱に代表されるような悲劇も生まれますが、要するに、秀吉も家康もキリスト教を禁教することで西洋諸国からの侵略を防ぐことに努めようとしたのです。

そのことをよく理解していたニコライは、日本の権力者たちは一方的にキリスト教徒を迫害したと言う西洋人を強く批判しました。むしろニコライは「日本国民はきわめて賢く、成熟しており、しかも新鮮な活力を持っている」と見ており、西洋人のような邪な野心さえなければ、日本人はその柔軟性からキリスト教を受け入れるのではないかと普及に希望を見出しています。

「このように熱狂的なまでの性急さで外国のものなら何もかも丸暗記しようと必死になっている人々が、キリスト教が妖術などでは全くなく、反政府の教えでもなく、他国を征服するための先兵でもなく、邪まな意図の全く無い精神的な教えであって、地上で唯一真正な宗教であるということをはっきり知るに、果して長く時を要するだろうか」

少し時代が下りますが、ロシア人である彼は一九〇四年の日露戦争開戦前に、迷いながらも日本に残ることを決意します。日本政府は、正教徒とロシア人に危害がないよう身辺を擁護しましたが、彼らに対する民衆の目は冷ややかなものでした。にもかかわらず彼は、日本人信徒を前にこう語りました（『大主教ニコライ師事蹟』）。

「若しも明日にも宣戦の大詔が出たならば、あなたがたは日本の勝利を祈り、而して戦いが勝ったならば感謝の祈禱を献じなさい。是れがあなたがたが日本国民として必ず務べき祈禱です。日本の信者として必ず務むべき忠義です」

日露戦争はロシアの侵略を阻止する祖国防衛戦争で、戦わずんば亡国あるのみというギリギリの戦いでした。ニコライは、自分の国を愛する心を持ってこの難局を乗り越えたところに真の信仰が生まれると信じたに違いがありません。

10

「日本人は沿岸沖の艦に砲門を向けて様子をうかがっていた」

アルフレッド・ルサン（一八三九～一九一九）
フランス海軍士官。文久三（一八六三）年、来日。その後、下関戦争に参加。その記録を遺した。著書『フランス士官の下関海戦記』樋口裕一訳、新人物往来社、一九八七年

フランスの海軍士官アルフレッド・ルサンが来日したのは、文久三（一八六三）年。横浜の外国人居留地を守るためにジョレス准将指揮下の東洋艦隊のフリゲート艦セミラミス号の海軍士官として神奈川へやってきました。

ルサンが来日した頃の日本は、イギリス公使館である東禅寺の襲撃事件や生麦事件に関して、イギリスと幕府の間で賠償交渉が行われており、一触即発の険悪な雰囲気でした。

やがて幕府は賠償に応じましたが、その後、長州藩が米仏艦へ砲撃した下関戦争や薩英戦争

を経て、英仏米蘭の四国連合艦隊と長州藩が繰り広げた馬関戦争に至ります。

ルサンはこれらの戦争に参加した記録をもとに、本書を一八六六年にパリで刊行しました。そこにはこの時代から三百年前に遡り、日本の「鎖国」政策が完成する前の国内状況から、開国、日英関係、下関戦争、特に砲撃戦の戦闘状況を詳しく述べ、長州藩の降伏と講和条約を結ぶ経緯が彼の視点で書かれています。

本書の内容を読み進めると、下関戦争において、長州藩が欧米諸国の武力にコテンパンに叩きのめされる記述ばかりで、正直ゲンナリしてしまいます。

しかしながら、敢えて本書を取り上げた理由は、なぜ長州藩と薩摩藩が時代の旗手となり、明治維新という大変革が成し遂げられたのか、その背景を理解する上で、ルサンの記録は極めて貴重であると思うからです。

「日本側は応戦もせずに至る所で敗走し、谷底で木の陰に隠れては射撃を繰り返すばかりだった」

まず下関戦争に至る経緯を確認しておきましょう。当時、朝廷は幕府に対して、攘夷を決行するよう強く要求していました。幕府は度重なるその要求をついに受け入れ、文久三年五月十日を攘夷決行の日とし、各国公使に通達します。幕府のこの通達は、諸藩に対しては欧米諸国が来襲した場合のみという条件付きのものでしたが、長州藩は朝廷の命令に従い、「掃攘」行為に出たのです。

攘夷決行の日、長州藩は関門海峡を通過しつつあったアメリカの商船ペンブローク号を砲撃して逃走させ、五月二十三日にはフランス軍艦キャンシャン号に、さらに二十六日にはオランダ軍艦メジューサ号に砲撃を加えました。

しかし、六月一日、今度は報復のためアメリカ軍艦ワイオミング号が下関に来襲し、長州藩の軍艦三隻が大破もしくは沈没、亀山砲台は破壊。さらに六月五日には、フランス軍艦セラミス、タングレードの二艦が来襲、上陸を許し前田砲台は占領されました。

この上陸後の凄惨な様子について、ルサンの記録を見てみましょう。

「三縦隊とも上陸後、森の中で、武器を発射しながら敗走する日本軍歩兵に出くわし、銃弾と銃剣とでその若干名を殺傷したというのである。その後、コート大尉の猟歩隊が円丘を一掃して反対斜面を下り、海兵隊は砲列に到着した。砲列には人気がなかった。五門のすべてには青銅製の二四口径砲が充塡《じゅうてん》されており、海岸の砲架上に軸付きの回転台によって完全に据え付けられていたが、そのうち一門の台座には我が軍の砲弾が命中した跡があった。我が軍の砲弾は不完全な胸壁を貫通して砲列を穿っており、砲門付近には人体の肉片や血みどろの服が地上に散乱していた。占領後、司令官は砲架を破壊させ、砲門を釘付けにして、火薬庫で見付けた弾薬を海中に投擲させた。分遣隊は田を横断して森の外れに向かった。日本側は応戦もせずに至る所で敗走し、谷底で木の陰に隠れては射撃を繰り返すばかりだった。日本兵の宿舎に給されている村のあちこちで相次いで火の手が上がった」

ルサンはさらに自軍が長州を蹴散らした様子を記録しています。

「一角に火を放ってしばらくすると、全体が大爆発とともに消失した。その時、退却の信号が発せられ、兵は敵に追われることもなくゆっくりと堡塁に引き返し、命令に従ってボートに乗り込んだのであった。この輝かしい成功の代償として我が軍は三人の軽傷者と一人の重体の猟歩兵を出したにすぎなかった。敵はといえば、地上に残された死者は少数だったが、我が軍の砲が砲列と、その付近に配属されていた縦隊に照準を合わせていたので、甚大な損害を被ったはずであった。戦いの諸事件を振り返って結論づけるに、敵は予測していなかった我が軍の上陸に不意を突かれたものと思われる。堡塁の守備に当たるために残った分遣隊は、我が軍の突進を前に持ちこたえることができなかった。下関から駆け付けた援軍にしても、我が軍の砲弾に襲われて森の中に四散するしかなかったのである」

見るも無惨、語るも無惨とは、こういうことを言うのでしょうか。長州藩はこうして欧米諸国の圧倒的な武力の前に大敗したのです。

しかし、この長州の決起は心ある志士たちの義憤を呼び起こします。坂本龍馬が有名な「日本を洗濯したい」と言ったのはこの時でした。日本政策研究センター主任研究員の岡田幹彦氏によると、龍馬は長州藩は日本のために立ち上がったのだから、これを見捨ててはならないと強く主張し、この戦いを長州一藩の責任とせず、むしろ日本の領土を守るため挙国一致の体制を構築すべきだと主張します。腐った幕府を洗い清めて日本が立ち直るきっかけにしたいという思いから、「日本を洗濯したい」と言ったのです。

また、当の長州藩は、隠棲中だった高杉晋作を呼び戻し、高杉の発案で、身分階級に捉われず、誰でも国を守るために入隊できる「奇兵隊」を創設します。こうして時代は大きく舵が切られます。

日本人はどんな大きな困難に襲われても、その困難を「力」に変えてきた民族です。その意味で、この屈辱を忘れてはならないでしょう。

「長州を占領することは、全東洋に現存する我が艦隊の全勢力を糾合しても不可能である」

下関戦争で壊滅的な打撃を被った長州藩でしたが、直ちに砲台を修復した上、対岸の小倉藩領の一部をも占領して新たな砲台を築き、馬関海峡（現在の関門海峡）封鎖を続行しました。

この海峡封鎖により、小型帆船で物資を運ぶ瀬戸内海―長崎航路が途絶え、多大な経済的損失を受けていたイギリスは、元治元（一八六四）年七月、馬関海峡の封鎖を解除するべく、フランス・オランダ・アメリカの三国に参加を呼びかけ、十七隻の連合艦隊を編成しました。

連合艦隊は、八月四日から八月十四日にかけて、馬関海峡に現れます。ところが、長州藩の様子は一年前とは違いました。その様子をルサンは記録しています。

「今回行って見ると、北岸は前年、ラ・セミラミス号が上陸作戦を行った地点から町までいくつもの砲列が配備されているようだった。遠方から確かめられる限りでは、防衛力は著しく増大していた。フランス艦が町へと急ぐ日本軍縦隊を海岸にある村のあたりで掃射したのであったが、そのあたりでは二重の鋭角堡を持つ堡塁が建設され、作業員が防弾障の取り付けを終えようとしていた。偵察将校を乗せたコーモラント号は接近する際、甲板に国旗を掲げていたが、日本人は沿岸沖の艦に砲門を向けて様子をうかがっていた。そして、挑発するかのように砲列から数発砲を発射した。砲弾は水道の真ん中の海面で破裂した」

長州藩は前回の敗戦から防備と近代化を進めていたのです。しかし、連合国軍の前にやはり無惨に敗戦します。連合国軍は下関海岸の前田砲台に艦砲射撃を浴びせ、上陸して大砲を破却。壇ノ浦砲台を砲撃し、大砲を使用不能にしました。

そして長州藩はイギリスとの講和条約に臨み、馬関海峡の外国船通航の自由を認めます。しかしながら、領土防衛のための必死の努力は敵にも大きな損害を与え、当初イギリスが画策していた彦島の占領を防ぐことになります。この必死の抵抗の様子をルサンは記録しています。

「突然、門司岬の向かいにある砲列から砲声が起こった。日本人が黎明の中で照準を定め、コルヴェット艦ターター号とラ・デュプレクス号に砲撃を開始したのである。これらの艦は、夜の間、潮流の変化のために陸地に近づいており、錨鎖がからまって敵に後部を見せていた。ター号とラ・デュプレクス号の司令官は活発に行動して窮地を脱し、すぐに激しく敵に応戦した。敵はまたしても砲を放棄した。だが、初めの砲撃によって我がほうにも損害が発生していた。ター号の準士官が重傷を負い、ラ・デュプレクス号の甲板では数人の兵がなぎ倒された。そして、その時、艦橋のド・フランクリー司令官のそばにいた操舵長は弾丸に首を吹き飛ばされたのだった」

「アレクサンダー大佐はイギリス海兵大隊が集結したのを機会に、部下を乗船させる前に谷の奥にも偵察を出そうとしたのだった。敵がそこにいることは、昼間、砲列のほうへ銃弾や弾丸を浴びせていたことから明らかだった。偵察隊は二縦隊をなして行軍した……ところが、両縦隊とも、やがて一斉射撃を浴び、行軍しながら応戦することになったのである。谷は右に寄りながら狭まっており、松の生える二つの森の間に段になった水田が続いていた。そして、その谷の先に策をめぐらした堡塁が見つかったのである。そこには、かなりの数の歩兵隊が配備されており、野砲もいくつか装備されていた」

むろん、イギリス側はこうした防備を蹴散らして上陸・占拠するわけですが、打撃も受けていました。

「……この征服によって多大の損害を被っていたのも事実である。八名の死者と四十名ほどの負傷者が次々と岸辺に運ばれた。負傷者の中には二名のイギリス海兵隊将校とアレクサンダー大佐自身が含まれていた。大佐は行動のさなかに脚に銃弾を受け、指揮をスーザー中佐にゆだねていた」

上陸したイギリス軍の指揮官アレクサンダー大佐は、奇兵隊など民兵のゲリラ戦に遭遇して、首都の山口まで進攻することはできず、部隊をまとめて早々に軍艦に引き揚げました。さらに、キューパー司令長官は本国への報告に「長州を占領することは、全東洋に現存する我が艦隊の全勢力を糾合しても不可能である」と書き残したのです。

イギリスの歴史学者アーノルド・トインビーは西洋列強の侵略を受けたアジア諸地域の反応について、「いたるところの原住民らは、やはり羊のごとく従順にその毛を刈りとらせ、ただ黙々たるのみ。あえて彼らの毛を刈りとる者に立ち向かって反抗しようとはしなかったのである」(『文明の実験』)と評しましたが、長州はそれとは決定的に違ったということが分かります。

こうしたことからイギリスは長州や薩摩と敵対するよりも、むしろ和睦した上で薩長の力を利用した方が自国の国益に資すると判断するようになるのです。

ところで、ルサンのこうした記述を読むと、一つの疑問が湧いてきます。なぜ長州藩は下関戦争からわずか一年余りで、一定の近代的防備を整えることができたのか、と。

一般に、この頃の長州藩は非開明的な攘夷思想で、無謀にも列強と戦って惨敗したと教科書にも砲台を占拠された写真が載っています。一方、長州が戦った意義を認める論者も、下関・馬関戦争での敗戦を機に、長州は近代化を進めたと主張します。私もそう考えてきました。

しかし、調べてみると、長州の近代化への取組はかなり早い時期から始まっていました。長州藩で大砲鋳造に従事していた先祖を持つ郡司健大阪学院大学教授によると、長州藩はアヘン戦争後、欧米列強による日本侵略に危機感を抱き、天保の頃から高島秋帆、江川英龍などの先覚者に習って近代化を指向し、西洋兵学や西洋砲術の導入を少しずつ始めていました。ペリー来航後はペキサンス砲（パクサンズ砲）などの洋式大砲や洋式軍艦を造り、長崎海軍伝習所にも多数の藩士を参加させました。そればかりか、本章で取り上げた攘夷決行（米商船砲撃）のその二日後に、のちに日本近代化の指導者となる「長州ファイブ」（井上聞多、伊藤俊輔、野村弥吉、山尾庸三、遠藤謹助）をイギリスに密航留学させていたほどです。

下関・馬関戦争の敗戦後、長州藩は洋式の武器・兵制の導入を加速し、その結果、四境戦争（第二次長州征伐）では、三千五百人の長州軍が最新式のミニエー銃などを駆使して、十五万人の幕府軍を撃退するにまで至ります。

しかし、そうして急速に近代化が進んだのは、アヘン戦争の頃からすでに近代化に取り組んでいたという土壌があったからではないでしょうか。ルサンのこの本を読んだことをきっかけに、「非開明的なゴリゴリの攘夷だった長州藩」というイメージは修正する必要があるのではないか、と私は考えるようになりました。

「艦隊は二人の有能な将校、すなわち指揮官ジョスリングとウィルモットを失ったのである」

ルサンの『海戦記』では、生麦事件が発端となった薩英戦争も記録されています。文久二（一八六二）年八月、横浜港近くの生麦村で、島津久光公の行列を乱したという理由で、イギリス人三名が殺傷される生麦事件が起こります。

その賠償金として幕府はイギリスに十万ドルを支払いましたが、イギリスは犯人の処刑と、死者の親族などへの更なる賠償金を薩摩藩に要求すべく、旗艦ユーリアラス号率いる六隻の艦隊を鹿児島に派遣します。

そして交渉の末、薩摩藩が出した回答は、犯人は行方不明であること、賠償金は薩摩藩、幕府、イギリスの三者が会談した上で決定したいというものでした。これをイギリスは極めて不誠実な回答だとして、交渉を有利に進めるために、薩摩の船舶三隻を拿捕します。怒った薩摩はイギリスを掃攘するため、文久三（一八六三）年七月二日、イギリス艦隊に砲撃を開始しました。

対するイギリス艦隊の砲撃は、最終的に薩摩の砲台をことごとく破壊し、砲弾で発生した火は烈風にあおられて広がり、鹿児島市街の一割を焼失させるに至ります。その中には島津斉彬が心血を注いだ洋式工場群「集成館」もありました。その様子をルサンは書き残しています。

「ハヴォック号は北上して、町の無防衛の地点に向かう命令を受けた。そこには前々日、琉球の帆船が曳航されていたのである。帆船はハヴォック号に横付けされて、次々と火災を起こした。町のその地点に集まった大建造物に同じ運命をたどらせるには数発の砲弾で十分だった。建造物とは薩摩海岸の兵器庫のことである。巨大な倉庫や大砲鋳造所がやがて炎に包まれた」

「八月十七日（引用者注・和暦の七月四日）の朝、鹿児島はまだ炎上中らしかった。要するに、八月十五日（引用者注・七月二日）の戦闘によって薩摩の蒸気船と兵器庫は破壊され、砲列からの攻撃にも激しく反撃されて、きわめて深刻な損害を被っていたのである」

　ところが、薩摩は斉彬の時代から近代的軍備化を進めていたことと、運よく台風が襲来したことで、世界最強の大英帝国海軍を相手に、実はかなりの善戦を展開し、英軍の上陸も許しませんでした。ルサンの記録からは薩摩の奮闘ぶりが窺えます。

「降りしきる雨に妨げられながらも、双方からの砲撃はますます激しくなり、互いの距離も近かったためもあって、照準も正確だった。二時から三時半の間、戦闘は最も熾烈を極めたが、その時、ユーリアラス号は、他の艦が強い風雨のために戦闘位置を保てなくなったために孤立し、一艦のみ、いくつもの砲列から同時に攻撃を受ける標的として身を晒すことになってしまった。艦は、五、六百メートルほど徐々に後退したが、砲列はすぐさま砲門を艦に向けて砲弾の雨を艦上に降らせたのである。砲弾が一発砲列内で炸裂して二十名ほどの砲手をなぎ倒し、死傷させた。少しして、一発の弾丸がタラップ上で行動の指揮を取っていたキューパー提督をかすめた。艦隊は二人の有能な将校、すなわち指揮官ジョスリングとウィルモットを失ったのである」

「分艦隊は、日暮れ前に櫻島の海岸に全艦集合した。十五日（引用者注・和暦の七月二日）の夜から翌十六日（引用者注・翌三日）にかけても颪は続いた。パーシュース号は、錨を引きずって渡され、岩場を離れて一時、危機に陥るほどだった。各艦内では負傷者の手当てをし、損害を点検した。六十三名が戦闘要員から外されていた。最も手ひどい傷を負ったのは提督のフリゲート艦で、この数字の半分までを占めていた」

イギリス側の被害をまとめると、人的被害においては、薩摩の死傷者が二十名程度だったのに対して、イギリスは旗艦の艦長・副長が即死するなど八十人以上の死傷者を出しました。それだけではありません。派遣した艦隊六隻のうち戦艦三隻が損傷したばかりか、弾薬も燃料も切れてしまったのです。

「何本ものマストが砲弾によって傷つき、燃料も底を尽き始めていた。このような状況においては、その場にとどまって、交戦の効果が現れるのを待ち、日本側からの和平交渉を期待するのが得策であろう。だが、そのようなことになる可能性はきわめて薄く、そのうえ、それが不成功に終わった場合、援軍と補給なしには戦いを有利に展開することなどできるはずがない。

つまり、イギリスの要求を満たすよう再び求め、最後通告にしたための威嚇的な言葉を実行するには、イギリス当局は鹿児島の防衛軍を全面的に破壊して占領するしかないのである」

要するに、薩摩の抵抗が予想を遙かに上回るものだったため、薩摩を屈服させるには全面的に破壊・占領するしかなくなったけれども、それには兵力が足りなかったのです。いわばイギリスにそう誤算せしめるほど薩摩は近代的軍備を整えていたと言えるかもしれません。

結局、イギリスは戦闘継続は困難と判断し、横浜に引き揚げます。一方、薩摩も善戦したとはいえギリギリまで追い込まれていたため、九死に一生を得たというのが実状でした。

そしてこの後、双方は横浜で講和となるのですが、熾烈な戦いを展開した両者は、この戦いをきっかけに急接近することになります。

薩摩はイギリスの艦隊をみて、その背後にある産業や軍事力を洞察し、イギリスの後押しで更なる近代化を推し進めることになります。また、イギリスは旧体制で埒が明かない幕府ではなく、朝廷を中心とした新しい国作りを目指す薩摩と手を組んだ方が利益になると判断します。

ルサンの残した記録は、幕末日本の国力が西洋に到底及ばなかったことを我々に痛感させます。しかし、先人達は日本の独立と名誉を守ろうと果敢に戦いを挑んだことで、彼我の「力」の差を実感し、以後火の玉になって富国強兵路線を推進して行きます。トインビーが示唆したように、敗れるに任せて西洋に跪づいた諸外国とは、そこが決定的に異なります。明治維新からすでに百五十年が過ぎましたが、改めてこのことを確認することは、現代を生きる私たちにとって意味のあることではないでしょうか。

11

「日本群島の最も特性的風景の一つは、その鳴き声や羽搏きで騒ぎ立てている莫大な量の鳥類である」

エメェ・アンベール（一八一九〜一九〇〇）
スイス遣日使節団長。教師から官界に入り、文久三（一八六三）年、遣日使節団長として来日。江戸で日本・スイス修好通商条約を締結。日本での見聞、調査をもとに、帰国後、『日本図絵』を著した。著書『絵で見る幕末日本』茂森唯士訳、講談社学術文庫、二〇〇四年

スイスの政治家や時計業組合会長などとして活躍したエメェ・アンベールは、文久三（一八六三）年、日本とスイスとの条約交渉のため遣日使節団長として来日しました。文久三年という年は、前年に起きた東禅寺（イギリス公使館）襲撃事件や薩摩藩によるイギリス人殺傷事件（生麦事件）に関して賠償交渉が行われ、下関戦争、薩英戦争が起きるなど大変な年でした。じつは日本とスイスとの条約交渉は、第7章で紹介したリンダウが先遣隊として地均しに尽力し、もう一歩というところまで来ていました。リンダウから幕府には条約締結の用意が

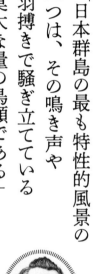

あるとの報告を受けたからこそ、スイスは使節団を派遣したという経緯があります。ところが、攘夷の嵐が吹き荒れる中、容易ならざる事態が次々と生起し、幕府はその対応に追われ、交渉はなかなか進まなかったようです。アンベール一行は文字通り「激動の幕末」の真っ只中に放り込まれた格好ですが、苦労の末、翌一八六四年二月六日、日瑞修好通商条約の締結に成功します。これにより日本とスイスの貿易が伸展して行きます。高橋邦太郎氏によると、「今日なお、スイス時計の輸入が行なわれているのはアンベールの功績である」ということです。

しかし、本章で扱うアンベールの著書『絵で見る幕末日本』の訳者、茂森唯士氏はアンベール不朽の功績は、もう一つの面にあると指摘します。

「それは、さほど長くもなかった日本滞在期間に、よくもこれほど深く詳しく日本という国の神秘の姿、外人には理解の容易ではないさまざまの伝統、民衆の生活、社会環境と自然現象といったものをとらえて、紀行文風のペンで叙述し、かつ大小百枚にわたる絵とあわせて広範な西欧の読者に紹介したことではあるまいか」

茂森氏が言うように、本書にはアンベールが描いた細密で素晴らしい絵が百四十点も収録され、また、よくここまで観察して書けるなと感心してしまうアンベールの筆致も相俟って、まるで幕末日本の再現フィルムを見ているかのような感覚にもなります。

「私を取り囲み、私の住居の魅力となっているもののうち、一番私の心を捉えたのは、鳥類である」

それではアンベールの見た幕末日本を紹介していきましょう。なによりも、彼の目に飛び込んできたものは、美しい日本の風景でした。日本各地を訪れた彼は、その都度感銘した様子で、自然風景の美しさを見事に表現しています。

例えば、霊妙な山々に囲まれる長崎湾の全景を見て「世界で最も美しい風景」だと評し、下関の朝の様子は「六時には霧が消えはじめ、亀山宮あたりの街の美景が見え出した。殊に、神社ばかりでなく、役人の邸宅や市場のあたりにも繋がっている松や杉の大樹の美しさに驚嘆した」と称え、瀬戸内海を航行しては「日没と共に、風が静まり、旅行中、一番すばらしい夕方になった。月の明かり、澄み切った空、滑らかな海、ただわずかに、何か大きな魚が跳ねた時と潮流のために、軽い潮のざわめきがするだけであった」と、その美しさにうっとりしている様子が分かります。

また、日本の自然風景の美しさに対する彼の視点は、動物にも向けられています。特に彼は、日本の自然界の中に、とても多種多様な鳥が存在していることに対し、その特徴に触れ興味深い記述をしています。

「私を取り囲み、私の住居の魅力となっているもののうち、一番私の心を捉えたのは、鳥類である」

「日本群島の最も特性的風景の一つは、その鳴き声や羽搏きで騒ぎ立てている莫大な量の鳥類である。鷲や禿鷹が谷間の上を回っているかと思うと、鶴がゆっくりと松林から飛び立っている。かなたの葦の茂みや入り江まで海ガラスがやって来るし、鷺《さぎ》が魚を漁っている。至るところで雁や鴨が列を組んで空を渡っており、鴎《かもめ》や海燕《うみつばめ》が岬や浅瀬のあたりで飛び交っている」

「単独行動をする鳥の中で最も美しいのは、鷺である。透き通る水を熱心に見つめながら、辛抱強く餌を待ち、片方の脚を羽根の下に畳んで、一本足で立っている。その羽の目を射るような白さが、葦や羊草の暗色の背景の中に浮き出している。時々、松の枝の木陰や垂れ下がった柳の下に見かけることもあるが、いつも本能的に、その憂鬱な性格に適合したところの、自然を求めている」

「それに劣らず感嘆させる印象を与えるものは、鶴である。この美しい鳥が空の彼方に一つの点のように現われ、やがて絢爛な姿で地上に降り立つ時、空からの使いが来たかのように思われる。このためにこそ、民族的な空想が、この鳥を神または半神と結びつけて、日本の伝説を作っている。日本語でツルというこの鳥の名前に、神性を表わすサマという敬称を付け加えて、オツルサマとも呼んでいる。鶴は、亀とともに、日本人にとっては、長寿と幸福のシンボルになっている。そして、かれらの意見によれば、幸福とは、心の平安と明るい理性を持つことである」

鳥に対する日本人の情感にまで触れる様子は、日本人は花鳥風月を友として自然を愛でる心豊かな文化を醸成させてきた民族である、というふうに彼は感じたのではないでしょうか。

「スイスの風景だけが、日本のこの美しい自然と比較することができる」

また、自然が織りなす風景に加え、日本人の生活や文化の中から創造される風景の美しさにも触れています。

「稲田における植物の早期の成育と丘陵の頂上にある多数の常緑樹が、同じ緯度にありながら、一ヵ所として重複していない色調で、日本の春を告げている」

「竹藪は、日本の風景画のうち、最も好ましい秀作である」

「金色の影と重なり合った茂みを持つ高い緑色のすばらしい幹と、よく茂った頭を支える細い強靭な枝、いたるところに無数の長い葉をまとい、空中に立つ数千本の旗のように風に揺れ動いているさま、これ以上、美しい風景はあり得ない」

日本の農村風景は、一見緑一色の自然のように感じますが、実は人間の手が入っていないところはありません。しかし、それを全く感じさせず、動植物と人間とが共生し豊穣な生態系までができてしまうほどの風景となっています。驚くべき智慧です。彼は、その美しさに感動したのでしょう。

さらに、街中の風景にも彼は心を奪われました。

「美術品と工業品の店の前に、足を止め、覗いてみると、透明な水の中で細かな貝の臥床のあたりを赤い魚が泳いでいる、大きな陶器の養魚池のところで、好奇心にかられた男女の群れが見とれていた。水槽の中ほどにある満開中の花を持った選ばれた三、四本の植物が美しい集団を形造っていて、華麗な赤と均斉のとれた葉の輪郭と花と茎とが、それぞれお互いに見事な調和を保っている」

金魚鉢一つとっても、日本人はその金魚鉢が街の風景の中にさりげなく溶け込み、且つ彩りをそえるよう、絶妙の調和を醸し出す工夫が見られるというのです。アンベールは「日本人は、自国の自然の美しさに積極的な関心を寄せていて、景色のよい場所で、一般の関心を引きつけようと努力していない場所はない」とも書いています。

アンベールはヨーロッパを代表するような美しい風景の国から来た人でしたが、次の一文からは日本の自然の美しさが想像を超えたものであったことが分かります。

「私は、日陰の渓谷、急流の活気あるざわめき、湖を想わせる山に囲まれた入り江の風景、九州の農村の穏やかさと静けさ、そうした長崎郊外の美しい風景を快く想い浮かべた。そして、スイスの風景だけが、日本のこの美しい自然と比較することができるのではないかと思った。同じように考えている者があると見え、スイスに旅行したことのある日本人が、私に、スイスのように祖国を思い出させる国はどこにもなかったと語った」

「親切で、愛想のよいことは、日本の下層階級全体の特性である」

アンベールが絶賛した日本は、風景だけに留まりません。それは日本人の性格、生活、文化、殊に幕府や大名などの支配階層ではなく、一般民衆の勤勉さや道徳観、生活の中にある創意工夫などを高く評価し、深い好感を寄せています。ごく一部ですが、本章の最後に民衆について触れた部分を紹介します。

「通訳にしろ、水先案内にしろ、自分の義務の遂行には極めて真面目であり、西欧の新来者のむさぼるような知識欲を充たすため驚くべき才能をもって奉仕した」

「沿岸地帯に住んでいる善良な人たちは、私に親愛をこめた挨拶を交わし、子供たちは、私に真珠の貝を持って来るし、女たちは、籠の中にたくさん放り込んでいる奇妙な形をした小さな怪物をどのように料理すればよいかを、できるだけよく説明しようと一生懸命になっている。親切で、愛想のよいことは、日本の下層階級全体の特性である。私は、よく長崎や横浜の郊外を歩き回って、農村の人々に招かれ、その庭先に立ち寄って、庭に咲いている花を見せてもらったことがあった。そして、私がそこの花を気に入ったと見ると、彼らは、一番美しいところを切り取って束にし、私に勧めるのである。私がその代わりに金を出そうといくら努力しても、無駄であった。彼らは金を受け取らなかったばかりか、私を家族のいる部屋に連れ込んで、お茶や米で作った饅頭（餅）をご馳走しないかぎり、私を放免しようとはしなかった」

女性たちが捕まえた小さな怪物とは、ナマコなのかシャコなのか、正体も気になりますが、民衆が老若男女・職業を問わず、相手に対して優しく接し、おもてなしが自分の喜びであるかのように行動することに、彼は感動したのです。

12

「今の今まで、日本人が『おいらん』を尊い職業と考えていようとは、夢にも思わなかった」

ハインリッヒ・シュリーマン（一八二二〜一八九〇） ドイツの考古学者。ホメロスの詩を史実を歌ったと信じて、トロイアの遺跡を発見。また、ミケーネ・ティリンスを発掘し、エーゲ文明の存在を明らかにした。著書『シュリーマン旅行記 清国・日本』石井和子訳、講談社学術文庫、一九九八年 ［画像：時事通信フォト］

ギリシャ神話に登場するトロイの木馬。ドイツ出身の考古学者、ハインリッヒ・シュリーマンはその戦いの舞台で、伝説上の存在と考えられていたトロイア遺跡を発掘し世界を驚かせました。シュリーマンは高校の歴史教科書にも登場するほど有名ですが、トロイア遺跡を発見する前に日本に来ていたことはあまり知られていません。

少年の頃から「ギリシアとトロヤの戦争、ホメロスの歌はみんな本当にあったこと」と信じていたシュリーマンは、大人になるとロシアで藍の商売を手がけ、巨万の富を得ます。そして四十一歳で一切の商業活動を停止し、一八六四年から世界漫遊の旅を開始。翌一八六五（慶応元）年の六月から一カ月間を日本で過ごしています。本章で扱う『シュリーマン旅行記　清国・日本』の訳者、石井和子氏によると、この旅行記はシュリーマンが日本での旅を終えてサンフランシスコへ向かう洋上で書き上げられました。シュリーマンは日本に来る前に清国を旅しており、この旅行記は清国と日本とのコントラストが印象的でもあるのですが、ここでは日本に関する部分を見ていきます。

「彼らに対する最大の侮辱は、たとえ感謝の気持ちからでも、現金を贈ること」

シュリーマンが来日した時期は明治維新の三年前にあたります。この頃の日本では列強の公使とその随行員のほかは江戸を訪問できませんでした。一般の外国人だった彼はアメリカの仲介で江戸に入ります。彼は日本の旅で何を感じたのでしょうか。

まず紹介したいのは、横浜の税関でのエピソードです。荷物を解くと大仕事になるので、日本に来る前の清国で通用したように、官吏に心づけを渡して免除してもらおうとします。

ところが、「なんと彼らは、自分の胸を叩いて『ニッポンムスコ』〔日本男児？〕と言い、これを拒んだ。日本男児たるもの、心づけにつられて義務をないがしろにするのは尊厳にもとる、というのである」。結局、心づけを渡さなくてもニッポンムスコらは親切に応対してくれたとのことです。

また、江戸に入ると彼にはたくさんの護衛が付けられ、「私はまるで囚われ人のようであった」と辟易していますが、この時も同じことがありました。

「……役人たちが欲得ずくでこのげんなりするまでの警備に励んでいるのではないことはよく承知している。だからなおのこと、その精勤ぶりに驚かされるのだ。彼らに対する最大の侮辱は、たとえ感謝の気持ちからでも、現金を贈ることであり、また彼らのほうも現金を受け取るくらいなら『切腹』を選ぶのである」

日本人の真面目な性格と仕事に対する誇りが強く窺えます。

他にも彼は江戸の町を歩きながら、日本人の家庭生活のしくみを細かく観察しています。

「家々の奥の方にはかならず、花が咲いていて、低く刈り込まれた木でふちどられた小さな庭が見える。日本人はみんな園芸愛好家である。日本の住宅はおしなべて清潔さのお手本になるだろう」「床は道路より三十センチほど高く、絹で縁どった薄い竹の敷物〔畳のことであろう〕で覆われている。この敷物は長年にわたってきわめて清潔な状態が保たれている。というのは、ここに上がるとき、みな、裸足になるからである。日本人は長靴も短靴も知らない。履物としては、木、藁《わら》、または竹のサンダルだけである。家の中に上がるときは、茣蓙《ござ》を敷いた床の前に履物を脱いでおく」

こうした簡素で清潔な日本の生活様式を見て彼は、ヨーロッパでは豪華な家具調度などを揃えるために出費がかさむが、本来はそれら抜きでも充分やってゆけることが分かったと述べています。

さらに、シュリーマンは「日本人が世界でいちばん清潔な国民であることは異論の余地がない。どんなに貧しい人でも、少なくとも日に一度は、町のいたるところにある公衆浴場に通っている」と述べた上で、混浴の風習について言及しています。

「夜明けから日暮れまで、禁断の林檎を齧《かじ》る前のわれわれの先祖と同じ姿になった老若男女が、いっしょに湯をつかっている。彼らはそれぞれの手桶で湯を汲み、ていねいに体を洗い、また着物を身につけて出て行く。

『なんと清らかな素朴さだろう!』初めて公衆浴場の前を通り、三、四十人の全裸の男女を目にしたとき、私はこう叫んだものである」

「そこでは淫らな意識が生まれようがない。父母、夫婦、兄弟——すべてのものが男女混浴を容認しており、幼いころからこうした浴場に通うことが習慣になっている人々にとって、男女混浴は恥ずかしいことでも、いけないことでもないのである」

じつは混浴については、ほとんどの外国人が困惑しているのですが、シュリーマンは日本人の素朴で寛容な性質の現れと見たようです。

『江戸東京学事典』によると、江戸の町人の家では風呂のある家はほとんどなかったため、人々は公衆浴場に出かけました。そこには湯上り場もあり、将棋や会話を楽しむなど社交場でもありました。今でも混浴できる温泉は全国にありますから、日本人にとっては本来自然な感覚なのかもしれません。

「日本人は、他の国々では卑しく恥ずかしいものと考えている彼女らを、崇めさえしているのだ」

日本女性の清楚な美しさも、シュリーマンを大いに惹き付けました。江戸の王子にある有名な茶屋に行った時のこと。

「この茶屋は木造二階建てで掃除が行き届いていた。磨きぬかれたか、あるいは漆塗りかの床に、絹で縁取りされた美しい竹の敷物が敷かれ、日本のどこでもそうなように、家具調度の類はいっさいいない。目のさめるように美しくてうら若い十二歳から十八歳の乙女たちが給仕をしてくれる。長い着物を小綺麗にまとい、幅広の帯をきゅっと締めているので裾の部分が広がらず、歩きづらそうである。日本の着付けははっきりと反クリノリン（引用者注・クリノリンは女性のスカートをふくらませるための鯨骨製の枠）の傾向を示している。木の下駄が唯一の履物で、彼女たちはいつもそれを茣蓙を敷いた床の前に脱いでから部屋にあがる。彼女たちの髪は結髪によって結い上げられた傑作である」

ところで、ちょっときわどい話になるかもしれませんが、シュリーマンは浅草に出かけた時、こんな場面も紹介しています。

「もっとも大きくて有名な寺の本堂に『おいらん』の肖像画が飾られている事実ほど、われわれヨーロッパ人に日本人の暮らしぶりを伝えるものはないだろう。

他国では、人々は娼婦を憐れみ容認してはいるが、その身分は卑しく恥ずかしいものとされている。だから私も、今の今まで、日本人が『おいらん』を尊い職業と考えていようとは、夢にも思わなかった。ところが、日本人は、他の国々では卑しく恥ずかしいものと考えている彼女らを、崇めさえしているのだ。そのありさまを目のあたりにして……長い間、娼婦を神格化した絵の前に呆然と立ちすくんだ」

現代の日本人も花魁をヨーロッパ人と同様に捉えているかもしれません。前掲『江戸東京学事典』によると、花魁とは吉原遊女の最高位の者です。遊女と言っても、吉原は幕府のお墨付きで営まれた公娼であり、私娼の品川や板橋や千住などとは違い、ひろく人情・世態や色ごとなどの機微に通ずる「通」の人々が出入りする世界でした。専門家によると、「通」とは「遊びという世界の中での感性の練磨という方向に進む」（神保五彌氏）という性格を有していたようです。そうした「通」の人々と渡り合うために、吉原の遊女は教養と芸事を必死になって身につけたのかもしれません。シュリーマンが感銘を受けた「ニッポンムスコ」たちと同様に、高いプロ意識を持っていたのです。

日本人は勤勉で、清潔好きで、寛容な性格を持つ一方、このような「通」の世界を形成する余裕や幅も持っていました。そうした文化的な厚みのようなものが日本にはあることを、わずか一カ月の旅でシュリーマンは見たのかもしれません。

13

「彼らが田畑を耕す時の熟練、勤勉、そして入念さはまことに称賛に値する」

V・F・アルミニヨン（一八三〇～一八九七）イタリア海軍士官・艦長。慶應二（一八六六）年、イタリア使節として来日、日本との通商条約締結に関わった。著書『イタリア使節の幕末見聞記』大久保昭男訳、講談社学術文庫、二〇〇〇年［画像：ユニフォトプレス］

ペリー来航以来、アメリカ、イギリス、フランスなど、西洋諸国が次々と日本との通商条約を結ぶ中、遅ればせながら日本にやってきた国にイタリアがありました。当時のイタリアは、西洋諸国の中では造船技術に劣っており、極東地域まで航海可能な船舶は軍艦のみで、通商は商船ではなく軍艦を使用していました。

イタリアが日本との通商を結びたかった最大の理由は、蚕の卵の輸入にありました。一八六〇年前後のヨーロッパでは、悪疫が発生し、イタリアやフランスの養蚕業はパニック状態に陥り、特に絹産業が主体の北イタリアは大打撃を蒙りました。その一方で、イギリスやフランスの商船は中国や日本と通商条約を結び、蚕卵紙《さんらんし》を輸入して多大な利益をあげていました。

そこでイタリアは、特に評判の良かった日本の蚕卵紙を輸入するため、日本との通商条約締結に軍艦マジェンダ号を派遣します。

その艦長がアルミニヨンで、彼はイタリア使節を兼ねて慶応二（一八六六）年に来日。幕府と根気強く交渉を重ね、国交を結びます。これを機にイタリア商人達は、日本の蚕卵紙の仕入れが可能になり、イタリア絹産業は徐々に回復します。

彼はイタリアに帰国後の一八六九年にこの幕末見聞記を出版します。アルミニヨンは他の外国人と同様に相当の事前学習をして来たのですが、それでも日本の風景、生活様式、生活必需品、手仕事、日本人の精神性などに非常に感銘を受けたことがこの本を読むとよく分かります。

「世界中のどこを探しても、日本の農夫ほどに自分の田畑の耕作に精を出す者はいない」

まず彼は、日本の中にある様々な美しさに魅了されます。江戸に行く途中で寄港した下田の風景について、こんなことを言っています。

「夜が明け始めると、われわれは投錨地周辺の光景を心ゆくまで眺めることができた。夜明けの光が差し始めていて、言葉に尽くせないほど見事な眺めだった。西のほうには、一筋の小川の流れている小さな谷あいがあり、人家も見える。どの家も、見たところは質素だが、気のきいた形のよい作りで、海岸沿いにまっすぐに並んでいる。また、その方角にある幾つかの丘は、見事に耕された畑に覆われ、段々に低くなって平地に届くと、そこは一面の水田である」

夜明けとともに目の前に広がる美しい風景に魅了されたことが、まるで詩人が歌うが如く描写されています。

また陶磁器などの器の美しさについてもその価値を認めています。

「陶土は極めて良質で、できばえの見事さは、ヨーロッパの最良の品にもしばしば匹敵する。器は大小さまざまで、その形は独創的、かつ優美であり、色彩も称賛に値する」

「もっとも貴重な産品の一つは漆器である。これは主に大坂で作られ、時に途方もなく値の張るものもある。日本の漆は極めて美しい一種のワニスで、湿気や熱湯に強い」

そして他にも、様々な物の美しさを好意的に見ています。

「小さな姫箪笥ほど優美なものはない。これには小さな引き出しがたくさんついていて、婦人たちは大切な品をしまっておくのである。これに劣らず貴重で見事な品に嵌木《はめき》細工の小箱がある。形や大きさはさまざまで、やはり美しく塗られており、手袋、化粧品などをしまうのに用いられる」

と、箪笥について評したり、

「日本人は、銅に見事な焼き入れをすることに長けていて、ダマスカスやトレドの刀を思い起こさせるような刀を作る」

と、日本刀について語ったり、

「他の店では、見事な盆栽に目を奪われる。それらは季節に応じて花をつける。盆栽の大きさは小机ほどもなく、そこに一尺にも足りない樅の木などが植えられている」

と、盆栽について語ったり、仕舞いには日本の船の姿の美しさについてまで、

「大君の蒸気船二隻と軍用和船数隻が、砲台の手前、わが艦の投錨地の西側に停泊していた。これらの船は、実践の役に立つとはまず思えないが、姿はまことに優美で、精密な技術で建造されていた」

と語っています。

さらには、人々の仕事に対する姿勢から日本人の内面の美しさについても書き残しています。大工について、

「日本人は大工仕事が上手で、その作業はまことに見事である」

と、日本家屋の建築の様子と、障子や襖、雨戸などの機能を見て語ったり、農家を見ては、

「世界中のどこを探しても、日本の農夫ほどに自分の田畑の耕作に精を出す者はいない。彼らが田畑を耕す時の熟練、勤勉、そして入念さはまことに称賛に値する」

と、庶民が仕事に対して真面目で手を抜かない性格であると書いています。

また庶民だけでなく横浜の税関で働く役人についても、当時の清の政府が税関管理者に西洋人を用いて、自らはあまり労せず税を徴収していることと比較してこう述べています。

「日本政府は、中国の政府と異なり、税関の管理者に西洋人を用いない。……この方法（引用者注・清のやり方）は、勤勉で、しかも自己の権益に敏感な日本人には適しない。……領事は、船舶到着から二十四時間以内に積荷目録を提出する。数多くの日本人役人が港に出向き、密貿易が行われていないことを確認する。彼らは船舶内に立ち入り、いかなる検査にも手を抜くことはない」

日本人が仕事に対して責任感があり、不正を嫌い、大切なことは他人任せにしない性格であることを、アルミニヨンはよく捉えていました。

「日本人は洟をかむにも、ハンカチでなく、紙を使う。そのためには、特別に柔らかい紙が好まれる」

西洋諸国の中において、遅れて来日したアルミニヨンですが、イタリア使節として幕府との通商交渉のため、江戸城内に入ることのできた数少ない外国人の一人となります。彼は、城内の様子について、

「城館の各室はあらゆる面で質素であり、東洋諸国の王宮の普通の豪華さとはいちじるしい対

照をなしていた。しかし、襖や屏風は極めて優雅なもので、半透明な和紙に見事な絵が描かれていた。畳もはなはだ上等なものだった。天井を支える柱には、精巧な技術と高尚な趣向が見てとれた」

と記し、日本の最高権力者の住まいが、諸外国のように華美な派手さはなく、されど質素な中に美しさが存在することに感銘しています。

一方、庶民はどんな暮らしぶりだったのでしょうか。

「日本人の質素な生活は文字どおりスパルタ的で、家の四方の壁のほかにはほとんど何もない。椅子、ソファ、ベッド、小卓などは知られてさえいない」

庶民の生活に至っては、かつてのローマ帝国の中心であったイタリア人をして〝スパルタ的〟と評するところを見ると、非常に質素であったことがわかります。

また、日本人は清潔であった様子も描かれています。

「日本人は入り口で履物を脱ぎ、足袋、つまり木綿のサンダルのようなもので屋内に入る。……汚れた足で他人の家に入ることは、非常に不作法であり、躾がなっていないとされる。事実、貧しい人々の家でも、室内の敷物は清潔である」

家屋は常に清潔であり、また清潔であるが故の日本人の習慣にも触れています。

「日本人は洟をかむにも、ハンカチでなく、紙を使う。そのためには、特別に柔らかい紙が好まれる。誰もが懐中に、こういう紙を何枚か持っていて、一度使えば、捨ててしまう」

西洋人はハンカチをポケットから何度も取り出して洟をかむことがあることに対して、日本人が現代も変わらず紙で洟をかんで捨てる習慣が残っているのは興味深いですね。

彼は、日本人をとても好意的に見ていますが、その性格や特徴について、日本人は物事に対する好奇心が強いことを紹介しています。

「村人たちの好奇心を何よりもそそったのは、われわれの服装、われわれの身なりだった。この村では、一人のヨーロッパ人女性が、うるさいくらいの称賛の的になっていた。彼女の庭の柵の際には、物見高い人々の群れが一日中ひしめいて、彼女の姿に見入っていた。丸く広がったクリノリンのスカート、髪の結い方、靴などについて、人々があれこれと話し合っているのがはっきりと見て取れた」

また、幕府の役人についても、こんなふうに紹介しています。

「われわれからの贈り物は、日本の役人たちを驚かせた。率直に言って、このことは彼らが非常に頭のよいことと、物を見る目の高いことの証拠である。彼らがとりわけ評価したのは、モザイク、写真、兵器類であった。物理学の器具も若干あって、その中のマイクロメーターはとくに塩田に贈った。この青年は、この器具の原理もかなりよく理解しているらしかった」

後の時代に「西洋かぶれ」という言葉ができるほど、物事に対する好奇心と探究心を丸出しにする日本人の特徴を良く捉えています。

「自尊心が強く、侮辱されたりすると、必ず復讐しようとする。彼らが冷然たる態度を示す時にはもっとも恐れなければならない」

ところで、西洋諸国は大航海時代以降、非西洋人は劣等人間として支配されるべきとして、あらゆる数々の許されざる悪行を働きました。イタリアに先んじて来日した西洋諸国の中には武力を背景に傲慢無礼な態度でやって来た国もありましたが、アルミニヨンはそうではなく、互いの文化の違いを尊重していた人物でした。

「日本人が同輩に挨拶をする時には両手を膝の辺りに置き、頭を胸まで下げるのであり、目上の者に対しては、両手をついてひれ伏すのである。……こういう挨拶によって、目上と目下の区別がなされ、同輩間の敬意と友情が保たれるのだからである。……敬意の表明や礼儀に関して自己の流儀をまず改めなければならないのは、われわれのほうであったことを、ここで指摘しておこう」

アルミニヨンのこうした姿勢について訳者の大久保昭男氏は、イタリアが長い年月にわたり、周辺の西洋諸国の支配下に置かれた歴史に鑑み、「支配と被支配、土地を奪う者と奪われる者の心情、痛みを彼が理解していなかったはずはない」と解説しています。

アルミニヨンは幕府と互いの立場を尊重した通商交渉を行い、ついには幕府の役人にこう言わしめました。

「貴殿は、わが国の置かれている困難な状況をよく認識せられ、われわれの譲与しうる以上のことは要求されなかった。われわれは、これを大いに多とするものである。貴殿の誠意ある態度は、今後、両国間にはつねに和解と協調の関係のありうることの保証となるものである」

高圧的な西洋人と違い、公正かつ客観的に日本を観察したアルミニヨン。本書の最後に彼は日本人の資質について、昔の宣教師らの書き残したものがもっとも確かであるとして、ある神父の言葉を引用しています。

「シャルルヴォア神父の述べるところによれば、日本人は率直、真率かつ誠実であり、終生変わらぬ友である。彼らは富を軽蔑し、商業を賤業と見なすほどである。そして、真理を愛し、それを知った時には公言するのを恐れない。悪口、虚言、ごく些細な盗みも、彼らにとっては極めていまわしく、死に値することである。日本人は自制心が強く、他の国民のようにすぐに興奮に駆られて激怒するということがない。しかしまた、自尊心が強く、侮辱されたりすると、必ず復讐しようとする。彼らが冷然たる態度を示す時にはもっとも恐れなければならないことがしばしばである」

14

「我々が、その前に立っている君主の祖先は、何世紀もの間、国民にとって神に近い存在であり、外国人にとっては神話の中の人物であった」

アルジャーノン・バートラム・フリーマン・ミッドフォード（一八三七〜一九一六）　イギリス外交官。慶応二（一八六六）年来日。公使パークスのもとで書記官として勤務。明治三（一八七〇）年帰国。明治三十九（一九〇六）年イギリス王室使節に随行して再来日した。著書『英国外交官の見た幕末維新』長岡祥三訳、講談社学術文庫、一九九八年

初代リーズデイル男爵アルジャーノン・バートラム・フリーマン・ミッドフォードは、幕末から明治初期にかけて、日本に滞在したイギリスの外交官です。

ミッドフォード家は、祖先を遠く遡れば、フランク王国のシャルルマーニュ大帝に繋がるという由緒ある名門貴族でした。もともとは、アルジャーノン・バートラム・ミッドフォードという名前であったのが、従兄弟のリーズデイル伯爵ジョン・トーマス・フリーマン・ミッドフォードが未婚のまま亡くなったことで、その遺産と共にフリーマンの名前と紋章を受継ぎ、以後フ

リーマン・ミッドフォードと名乗ることになりました。一九〇二年にリーズデイル男爵家の初代となり、イギリスのノーサンバーランド州を治めることになります。

彼が外交官として日本にやって来たのは、慶応二（一八六六）年のこと。上司同僚には学歴のない所謂叩き上げのハリー・パークス公使、同僚にはラトビアからの移住者の子で通訳生のアーネスト・サトウ、アイルランド人のウィリアム・ウィリス医師らがおりました。

ミッドフォードは外交官としての立場は所謂ヒラであったにもかかわらず、名門貴族として宮廷儀式に参列した経験があることから明治天皇に謁見しています。この謁見のことは、後に触れるとして、この本は一九一五年に彼が晩年になってからロンドンで出版したもので、幕末から明治にかけての日本の様子を、特に要人中の要人との謁見の様子を記録した貴重な資料と言えます。

「大坂城は、現在もそうだが、城砦の外観に関する限り、豊臣秀吉の栄光の最後を飾る封建時代の巨大な記念物である」

それでは、ミッドフォードが魅了された日本について見ていきましょう。まず彼は建物の美しさについて語っています。将軍徳川慶喜公との謁見のため大坂や京都を訪れていますが、大坂城については次のように記しています。

「大坂城は、現在もそうだが、城砦の外観に関する限り、豊臣秀吉の栄光の最後を飾る封建時代の巨大な記念物である……その石垣は昔、ケンプェルが七尋の厚みがあると書いた通り、花崗岩の大きな切り石と切り石とを不規則な形で漆喰も使わずに積み上げたもので、その巨大な姿は、どっしりとして驚異の念を起こさせるものであった……それは気品高い建築で、濠があり、非常に簡素で、これといった特徴がないが、その単純な美しさは、その偉観をさらに引き立てていた」

また、京都の清水寺や知恩院について、その美しさを絶賛しています。

「その美しい寺は、周囲を丘や林や池などで、これ以上ないほど優雅に囲まれた聖域に隠れるようにして建っていた」（清水寺）

「部屋は全く壮麗なそのもので、念入りな作法によって、数多くの珍味が供応されたが、それは日本のルクルス（大富豪で贅沢な生活を送ったことで知られるローマの将軍）ともいうべき偉大な足利義政公でさえも満足させたであろう」（知恩院）

また、彼は日本人のおもてなしについて感銘を受けたことも記しています。幕末当時イギリスは、停泊地の新潟が砂州があることで不便な状況だったため、小さな島で一部が塞がれている七尾湾の開港を加賀藩に迫ります。その交渉のため、彼がアーネスト・サトウと共に加賀を訪れた時のことです。

「宿屋につくと、そこで我々は日本の典型的なもてなし方で迎えられたのであるが、それはきわめてもったいぶって、礼儀正しく丁重な歓待であった。居間には毛羽のあるビロードの絨毯が敷いてあり、どこかの寺から持ってきた赤い漆塗りの椅子が我々のために用意されてあったが、接待する側としては我々が日本に長く滞在して畳の上に座る習慣に慣らされていることを知らなかったのだろう」

「我々の受けた歓待に対して、サトウが日本語に訳した感謝状を私から手渡した。彼らはたいへん丁寧に別れを告げて去って行った」

「翌八月十四日の朝、再来を請う人々の声に送られて、名残を惜しみながら別れを告げ、再び旅の途についた」

加賀で受けた心のこもった大歓待に、とても感動した様子が伝わってきます。

他にも、こうした日本流のおもてなし文化についての記述があります。明治の時代が始まって早々に、ヴィクトリア女王の第二王子エジンバラ公が明治天皇に謁見するために来日します。日本政府は、外国の王子が天皇に謁見するのは初めてのことでしたので、おもてなしに遺漏がないようパークス公使を通じて、ミッドフォードに助勢を依頼します。

一方、日本政府と関わる中で、彼は日本政府側が行った殿下をお迎えする非常に丁重な儀式を目の当たりにしました。それを次のように記録しています。

「『殿下が日本に到着するに先立って、その航海の安全を祈願して、韓神祭の儀式がおこなわれる』。韓神は文字通りにいえば、韓国（中国）の神である。これは朝鮮を通じて中国と接する以外には外国との交際がなかった大昔の儀式の復活であった。それゆえ、韓神とは外国人の守り神であって、外国人はすべてこの神の庇護のもとにあり、総称して『唐人』、すなわち、中国の唐時代の人と呼ばれていた。

『殿下が江戸の宿舎へ出発される前日には、道路は掃き清め、修理される。そして道中の安全を祈願して道路の神への祈り（路次祭）が捧げられる』

『殿下が江戸に到着を予定される日に、その道筋に当たる品川の在で、悪霊を祓い清める宗教的儀式（高輪八山の麓で行われた送神祭）が行われる。殿下が到着されると皇族（仁和寺宮嘉彰親王）が訪問され、殿下の安着を悦ぶ挨拶をする』

『殿下が皇居の門を入るとき、ぬさと称する儀式（祓麻事）が行われる』」

現代でも神社では、大麻で参拝者を清め祓いしてから、神事を行いますが、古くから祓い清めることで清浄を保ち、そして準備が整ったところで神々に祈りを捧げることが行われてきたことがわかります。

こうした祭りの精神こそが、日本人の根底にあるおもてなし文化に通じていることがお分かりいただけるのではないでしょうか。

「土佐の隠居容堂公は、当時の激動の時代に現れた多くの著名な人物の中でも特に傑出した人物であった」

ミッドフォードは、多くの日本人との交流がありましたが、この本の中で結構詳しく紹介している人物が何人かいます。その一人が土佐藩主の山内容堂《やまうちようどう》です。

「土佐の隠居容堂公は、当時の激動の時代に現れた多くの著名な人物の中でも特に傑出した人物であった」

「彼は高い知性を備えた先見の明のある人物で、他の大名よりはるかに物事の政治的判断に優れていた」

江戸時代は徳川将軍家が幕府を主宰していましたが、「三百諸侯」と言われるように、全国各地に領地と領民を持つ大名がいました。容堂はその中でも「四侯」と呼ばれ、ペリー来航以来の幕末政治史に名を刻んだ大名の一人でした。

容堂は武市半平太《たけちはんぺいた》をはじめ藩内勤王派を粛清したこともあり、後世の日本人には人気がありません。それでも、外国人から見れば立派に見えたようです。

ミッドフォードが容堂に面会したのは慶応四年三月のこと。病に伏した容堂の要請で、医師のウィリスと共に京都で会いました。ミッドフォードは枯れ行く容堂の様子をこう記していま す。

「前藩主（容堂）はきわめて礼儀正しかったが、日本の身分の高い紳士にとっては、このような礼儀作法は天性のように身についたものになっているのである。彼は、そのうえ、明らかに人をひきつける魅力を備えており、それは高位の者としては、まれなことであって、彼が諸侯の仲間の中でも特に影響力を持っていたのは、そのためであった。彼は我々を温かく迎え、急いで来たことに対して深い感謝の言葉を述べた。彼は非常に疲れていて、病気が重いらしく、私のような専門外の目で見ても、死にかけているように見えたので、訪問を早めに切り上げることにした」

「徳川慶喜が、切腹は野蛮な風習で時代遅れだと言ったのは誤りである」

また、ミッドフォードは最後の将軍徳川慶喜公についても、詳しく書いています。慶應三年五月、大坂城でパークス公使らと共に将軍に最初の謁見をしますが、この時の印象は非常に好いものでした。

「最後の将軍徳川慶喜公は、確かに傑出した個性を備えた人物であった……西洋人の目から見て最も立派な容姿を備えた人間であった。端正な容貌をして、眼光は爛々と鋭く、顔色は明るい健康的なオリーブ色をしていた。口はきつく結ばれていたが、彼が微笑むと、その表情は優しくなり、きわめて愛嬌にとんだものとなった」

しかしながら、この謁見の四カ月後に大政奉還となります。ミッドフォードが再び慶喜に謁見したのはその二カ月後、慶喜が将軍職を辞して京都から大坂城に移った時のことです。最初の謁見から半年が経っていましたが、慶喜は半年前とは別人のようになっていました。

「この五月に威厳に満ちた態度で我々を迎えてくれた凛々しい誇り高い貴族とは全く別人のようだった。彼が経験した多くの困難や悲しみや侮辱が彼の表情にはっきり現れていた。彼は、天皇の聖域の間近で内戦が行われるのを避けようとして、愛国的動機から京都を離れたのだという古臭い言い訳を繰り返しただけであった」

さらに、この直後、鳥羽・伏見の戦いとなりますが、慶喜公は大坂城を脱走して江戸に帰ってしまいます。その慶喜に、ある幕府高官が進言したことが記されています。

「敗北した将軍が江戸に戻って、先祖代々の城で、無事にその日を送っていた時、若年寄の一人であった堀内蔵頭《ほりくらのかみ》が彼のもとに来て、尊い家名を受けた汚辱を拭い去るただ一つの方法として切腹することを強く勧めたのである。彼は、その言葉の真剣なことを証するため、自分自身も切腹すると言明した。将軍は、それを笑い飛ばして、そんな野蛮な風習は時代遅れだと言ったとのことである」

そして、この進言をした堀は、この後切腹して名誉ある武士の本懐を遂げます。この出来事についてミッドフォードはこう書いています。

「徳川慶喜が、切腹は野蛮な風習で時代遅れだと言ったのは誤りである。現在に至るまで、それは節操と名誉を守る手段である。私が昔よく知っていた薩摩の西郷大将の一八七七年の反乱における死に方をよくみるがよい。また、旅順港の英雄で、私の古い友人であった勇敢な乃木将軍が二年前の一九一三年に自殺した時のことをよく見て欲しい。彼は敬愛する主君天皇睦仁の死を深く悲しみ、天皇の後を追って死を選び、忠実な夫人も彼と共に死んだのである」

ミッドフォードは慶喜の心の変化を捉える中で、命よりも名誉や忠義を重んじる日本人の精神性を実に高く評価していたのです。

「維新の当時の英雄の中で、最大の賞賛と尊敬を受けるべき人は天皇睦仁であった」

ミッドフォードは、明治天皇が少年期の頃から、謁見の機会を得ることができた数少ない外国人の一人でした。最初の謁見は、慶応四（一八六八）年三月の京都御所にて。彼は御所の立派な様子に感動しています。

「天子様の宮殿は、『東洋的な華麗さ』という言葉がよく使われるように、外観を派手に飾り立てることの好きな普通の東洋の有力者の屋敷と違って、気高く簡素な造りが特徴である。特に防備は施されていなかったが、灰色の瓦をのせた白塗りの壁で取り囲まれていた。そこには九つの門があり、前述したように、ある大名の軍隊がそれぞれ警備の任に当たっていた。それは不自然なほど簡素であったが、御所はそれ自体がもつある威厳を備えていた。場所の制約は常に見すぼらしい結果を生むものだが、ここではそれが全くなかった。中庭は広々として美しい白砂が細心の注意をもって整然と敷き詰めてあった。建物は普通の形だったが、全く飾りがなく、大きく広々として威厳に満ち、それが大きい特徴になっていた」

この時、フランスやオランダなどの各国大使が明治天皇に謁見しましたが、パークス公使をはじめとするイギリスの三人の外交団は、参内途中で刺客に襲われ、三日遅れで明治天皇に謁見しました。しかし、謁見を許されたのは、パークス公使とミッドフォードだけで、有名なアーネスト・サトウは、外交団の中で一番重要な人物でしたが、宮廷での経験がなかったので、礼法に従い、謁見が叶いませんでした。

少年期の明治天皇について、彼が残した記録は非常に貴重なものです。天皇は一般社会に姿を現すことすらなかった特別な存在であり、ましてや外国人が謁見するなんて歴史上まれにみることでした。この貴重な記録を以下、じっくりお読みください。

「我々が部屋に入ると、天子は立ち上がって、我々の敬礼に対して礼を返された。彼は当時、輝く目と明るい顔色をした背の高い若者であった。彼の動作には非常に威厳があり、世界中のどの国よりも何世紀も古い王家の世継ぎにふさわしいものであった。彼は白い上衣を着て、詰め物をした長い袴は真紅で婦人の宮廷服の裳裾のように裾を引いていた。被りものは廷臣と同じ烏帽子だったが、その上に、黒い紗で作った細長く平らな固い羽飾りをつけるのがきまりだった。私は、それを他に適当な言葉がないので羽根飾りと言ったが、実際には羽のような物ではなかった。眉は剃られて額の上により高く描かれていた。頬には紅をさし、唇は赤と金に塗られ、歯はお歯黒で染められていた。このように、本来の姿を戯画化した状態で、なお威厳を保つのは並たいていのわざではないが、それでもなお、高貴の血筋を引いていることがありありとうかがわれていた」

「我々が、その前に立っている君主の祖先は、何世紀もの間、国民にとって神に近い存在であり、外国人にとっては神話の中の人物であった。彼らは聖なるものとして隔離されて、不犯の生活を送り、世間との交際はいっさいなかったので、世の中のことは何も知らなかった。今や突然に、神殿のヴェールは引き裂かれ、神を守るためには、おおぜいの人民が喜んで自分たちの命を投げ出すだろう、その現人神の少年が雲の上から降りて来て、人間の子と同じ席に着いたのである。そればかりでなく、彼はその尊い顔を人の目に触れさせ、『外夷』と親交を結んだのである。これが当時の日本人の心に映じた率直な事実であった」

「述べられた言葉には、天の御子としての昔ながらの、尊大で、横柄な態度はなかった。初めてのことであったが、女王陛下についても適度の尊敬を籠めて述べられ、二日前に起きた暴行に対する陳謝は適当な言葉で表現されており、儀式全体を通じて、特に儀式にやかましい外国人でも、その感受性を傷つけるようなものは何もなかった。何世紀もの間の障害は取り除かれて、ここに日本は国際礼譲の場へ諸国と対等の条件で入る準備が整ったのである。……こうして儀式は終わったが、それは、その内容そのものだけでなく、簡素でありながら栄光と威厳に満ちていた点において、深く印象に残るものであった。古くからの伝統と神聖な雰囲気は、きらびやかな王座を飾るインドの王侯の金銀宝石よりも、はるかに人の心を打つものがあった」

ミッドフォードの目に映った明治天皇の姿はきわめて印象的で、その威厳と神聖な雰囲気が生涯忘れられないほどの感銘を与えたことがよく分かります。

現代人から見れば、なぜ十五歳の少年がこれほどのインパクトを与えることができたのか、と疑問に思うかもしれません。

しかし、当時は十五歳といえば元服する年頃であり、立派な大人でした。例えば、幕末の志士で松平春嶽の懐刀であった橋本左内《はしもとさない》は、十五歳の時に自らの志を綴った『啓発録』を残し、その立派な内容から現代では古典の一つとなっているほどです。

明治天皇の場合は、この頃すでに古今集や四書五経など和漢の古典に通暁していました。特に明治天皇の幼少期は、異国船が頻繁に日本にやってきた時代であり、国家の安危を憂えられる御父孝明天皇は、伊勢の神宮をはじめ七社七寺にたびたび勅使を差遣され国の安泰を祈願されました。

同時に、孝明天皇は毎日のお祭りでも朝に夕にお祈りされましたが、『明治天皇紀』にはその際、幼少の明治天皇もご一緒にお祈りされていたと書かれており、自ずと天皇の天職の何たるかということを、肝に銘じられたのではないかと思われます。

要するに、幼少期から高度な教育を受け、教養も人格も現代人とは比較にならないほど高かったわけです。

その上で、明治の元勲たちは弱肉強食の厳しい国際環境の中で日本が生き残っていくために、明治天皇の君徳の培養・輔導に意を注ぎました。それまでの宮中では、天皇は女官に囲まれた柔和な生活でしたが、西郷隆盛はこれを憂え、親友の吉井友実や旧幕臣の山岡鉄舟などを侍従に据え、輔導に当たらせたほどでした。

その結果、元来の資質はさらに磨かれ、明治天皇は誰からも仰がれる英邁な君主に玉成され、明治の激動の時代を見事に乗り越えて行きます。

明治天皇の存在は、国際的な立場にいた英国外交団の中でも、一際特別な存在となっていました。後にミッドフォードは当時を振り返り、明治天皇に最高の賛辞を残しています。

「維新の当時の英雄の中で、最大の賞賛と尊敬を受けるべき人は天皇睦仁であった」

15

「中国語というと、なにかとてつもなく難解かつ複雑なことの同義語として知られているが、日本語はそれよりももっと複雑かつ錯綜したものなのである」

レフ・イリイッチ・メーチニコフ（一八三八〜一八八八）　亡命ロシア人革命家。学生運動により亡命してスイス、パリなどを放浪。留学中の大山巌と親交を結び、明治七（一八七四）年来日。東京外国語学校のロシア語教師となる。明治九年、病で離日、スイスで地理、統計学を教えた。著書『回想の明治維新——ロシア人革命家の手記』渡辺雅司訳、岩波文庫、一九八七年

亡命ロシア人革命家レフ・イリイッチ・メーチニコフは、ロシア帝国時代のサンクトペテルブルクに生まれ、学生運動で革命を謀りますが、失敗し亡命。その後、ヨーロッパの革命運動や中東、バルカンの民族解放運動にも参加します。日本に来たかった理由は、彼が勝手に社会主義革命だと認識していた明治維新への憧れでした。

そうしたところ、一八七二年、ジュネーブで留学中の大山巌と出逢い、渡欧中の岩倉使節団にも紹介してもらいました。最終的には西郷隆盛によって招聘を受け来日します。そして、明

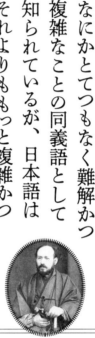

治七（一八七四）年から約二年弱、日本に滞在し、明治八年二月、東京外国語学校（中江兆民校長）のロシア語教授に就任します。

メーチニコフは、一八八三年から翌年にかけてスイスにいる時に『回想の明治維新』を発表しました。彼は、革命家であると同時に、地理学者、民族学者でもあり、様々な事象に対して深い洞察をしています。明治の元勲たちと親交があったことから、明治初期の揺れ動く政局についても鋭く分析しています。さらに、明治維新に至る日本の歴史を古代から研究し、本書で延々と紹介しています。

「口論しあっている日本人の姿をついぞ見かけたことがなかった」

とりわけ、彼が最も注目していた日本人の特質は、歴史と風土に培われた高度な教養と人格でした。メーチニコフは諸国を渡り歩いたこともあったのでしょう、多くの言語を自由に操ることができる人でした。その彼に言わせれば、日本語はとても高度な言語であるというのです。

「中国語というと、なにかとてつもなく難解かつ複雑なことの同義語として知られているが、日本語はそれよりももっと複雑かつ錯綜したものなのである」

そして、日本語がとても高度であるにもかかわらず、日本人の識字率は異常なまでに高いと驚いています。

「日本という国が、中国と同じく、ロシアや西欧のラテン系諸国よりも識字率がきわめて高いということは、わたし自身あらかじめ知っていた。日本には識字率をあらわす正確な統計などないが、それは読み書きの能力など、日本のすべての国民にとって、あって当り前だと考えられているからなのだ。山岳地方や僻地には文盲の者もいるが、それは全体からみて、ごくまれな例外にすぎないのである」

「彼らがみんな、例外なく何冊もの手垢にまみれた本を持っており」

メーチニコフは、日本人の教養の高さについて、とても多くの記述を残しています。まず、西欧と比較して、子供たちが学んでいる教養レベルの高さを評しています。

「日本の児童書をひもとくと、そこに文化発展の継承性とか、道徳水準はその国の経済的、物質的条件に依存するといった基本命題が、初歩的な素朴なことばで語られているのをしばしば発見したものだ。西ヨーロッパの英知がそこにまでたどりついたのは、わずか数十年前のことであり、そうした命題は今日なお、ヨーロッパの若干の文学的、政治的品位の守護者連中には、いわば聖物冒涜のように見られているというのに……」

そうした子供たちが、大人になるとどうなるのでしょうか。

「東京でわたしが最初に仕事を頼んだ指物師は、わたしの部屋の壁にかかっていたベルガウズの万国郵便地図を見て、ヨーロッパのすべての国の位置を、メモもないのにちゃんと正しくわたしに指し示したものである。また粕壁〔現在の春日部。昭和十九年以前はこのように表記した〕という小さな町の茶店の主人は、わたしがロシア人だと知るや、大いに関心を示して、ペテル・ブリークーやケタリン・ブリークー（ピョートル大帝やエカテリーナ女帝）のことをしきりとわたしにたずねるのだった」

「さいわいわたしはかなり短期間で、日本の大衆文学の園の思いもかけぬ案内人を見つけることができた。人足——すなわち埃と汚物にみちた首都の街路を、あの有名な二輪車で威勢よくわたしをひっぱってくれた人夫たちや、別当、つまり頭のてっぺんから爪先まで三色の色あざやかな入墨で飾りたて、素裸で馬（わたしはじきに自分の持馬を持つようになった）のまえを走ってくれた男、小使つまり召使、さらにどんな店でも茶店でも見かける娘たち——彼らがみんな、例外なく何冊もの手垢にまみれた本を持っており、暇さえあればそれをむさぼり読んでいた。彼らは仕事中はそうした本を着物の袖やふところ、下帯つまり日本人が未開人よろしく腰に巻いている木綿の手ぬぐいの折り目にしまっている。そうした本は、いつもきまって外見ばかりか内容までたがいに似通った小説のたぐいであった」

指物師とは、箪笥や箱火鉢などを作る木工品の職人のことです。歴史社会学の専門家でもない人が国外の広い知識を持っていたり、人夫や召使などの一般庶民が小説を常に携帯し仕事の間にむさぼり読むなどということは、西洋では考えられなかったのでしょう。

他にも、普段の休憩時間や酒宴の場にも、高い教養がないとできない遊興を、当り前のようにしていることに目を見張っています。

「日本という国では、なにかしら文学的ないし書道的おまけなしには、断じてなにひとつ行われない、といってもあながち誇張ではないだろう。なにもすることがない時、そう、たとえば昼食後や晩に何人かの友人が集まり、煙草をふかしたり、小さな米酒の盃をくみかわして一、二時間の暇つぶしをしたとしよう——。そんな時、かならずといってよいほど、和紙の巻紙、細い竹の柄のついたネズミのひげの筆、硯が、酒宴の用具にまじって用意される。一座のなかにはきまって詩の愛好家がおり、彼は自分の詠んだ歌をさらさらと書きつける。また案に相違して、一座の全員が詩才とは縁遠い場合、いつ誰が詠んだかもしれない二行詩（どんな無学な日本人でも、幼ない頃からそうした詩を山ほど知っているものなのだ）の一つを、じつに見事な筆さばきで書きつける」

彼はこのような教養の高い日本人を見て、こんな評価をしています。

「日本は中国とならんで、その政治的発展のごく初期から、国民生活における教育と啓蒙の意義をはやくも理解していた世界でも数少ない国である。この遠国にわずか数日暮すだけで、日本では実際、書物的知識と文化が国民の最下層にまで、血となり肉となって深く浸透していることを確認できよう。そしてこうした結果が出ている以上、その背後には幾世紀にもわたる国家と社会の啓蒙活動があったと予想されるのである」

「この国では、どんなに貧しく疲れきった人足でも、こうした作法の決まりからはずれることがけっしてしてない」

一方、彼は日本人の礼儀正しさにも注目しています。日常の挨拶からして、他の国にはほとんど見られないものだということを指摘し、日本の文化度の高さに感心しています。

茶屋へ行けば、

「『コンニチハ！』――浅黒い女主人がそのぽっちゃりとした唇に笑みを浮べて言った。じつにきれいにそろった真白な二列の歯がその奥でキラリと光った」

人力車を呼べば、

「『アックテゴザリマスル（暑いとつつしんで申しあげるの意）』車夫はまたも上体を直角に折ってつづけた」

そんな何気ない日常の光景を紹介した上で、メーチニコフはこう続けます。

「この国では、どんなに貧しく疲れきった人足でも、こうした作法の決まりからはずれることがけっしてしてない。しかもこうした作法には、奴隷的なところや追従的なところはまったくなく、それはむしろすべての階級の日本人の相互の関係に、一種独特の文化の匂いをそえるものなのだ……こうした礼儀作法のおかげで、わたしは江戸のもっとも人口の密集した庶民的街区に二年間住んでいたにもかかわらず、口論しあっている日本人の姿をついぞ見かけたことがなかったと。ましてや喧嘩などこの地ではほとんど見かけぬ現象である」

当時の日本人は、日常お互いに丁寧な挨拶を交わすことで、親密なコミュニケーションが生まれて、自ずと人々の心を豊かにし、お互いに協調して上手に生活していたことがわかります。こうした生活の智慧こそが、高い教養を生み出し、とても幸福度の高い社会が、そこには存在していたことを、彼は感じたのでしょう。

蛇足ですが、メーチニコフが日本の歴史を延々と紹介している中から、面白いエピソードを一つ拾ってみましょう。彼は戦国時代の英雄を通して、日本文化の水準というものを懸命に紹介しようと試みています。

「勇猛な武将、上杉謙信は、決戦前夜、自然美を賞ずる心の暖かさ、留守家族への優しい気づかいにみちたじつに優雅な形式の抒情詩を、さらさらと書きつける。また彼の敵の武田信玄は、音楽と孤独をこよなく愛し、月夜に陣をはなれ、詩情あふれる竹林のなかで笛を奏したという。帰途、敵の見回り兵に出くわした彼は、投槍によって一命を落とす。かくて武田軍の総大将の地位は彼の幼ない息子がつくことになる。翌朝、恐るべき敵将の死が上杉陣内に流れるや、急遽参謀会議が開かれる。武将たちは指揮官に進言する。『今、敵を討てば、一撃のもとにこの長期戦にけりがつけられるではありませんか』と。だが指揮官はこれに応じない。彼いわく『そうだろうか、諸君。私は子供を相手に戦をしたことはない。ましてや彼らは今、父を弔っているのだ……』この毅然たる一言で、猛りたつ武将たちもおし黙り、かくて武田陣営で葬儀が終るまで、相互協定によって戦闘が中止されたのだった」

お気付きの方も多いかと思いますが、短期間での取材や研究ということもあったせいか、史実とだいぶ異なる部分がありますね。このエピソードには、信玄が野田城包囲中に笛の音にひかれて出てきて狙撃され、その傷がもとで亡くなったという伝説も含まれているようです。

しかしながら、彼がこのエピソードを紹介したかったのは、戦国時代最強と言われた謙信と信玄が、度重なる戦闘を重ねたライバルであるにもかかわらず、敵の弱みに付け入るような手段を好まないという美徳と、広く言えば相手に対する慈愛の精神さえもあったというところに、英雄の文化水準の高さを見たからに違いありません。

「日本の自然の特徴をなすこれらの松の姿」

世界のたくさんの国々を巡って日本に来たメーチニコフですが、多くの外国人と同様、やはりまず目に飛び込んでくる日本の風景に魅了されました。

「横浜の入江を縁どる美しい丘陵地帯が、朝靄にくるまり、さながら洗顔も整髪もせず、しきりに人目を避けるネグリジェ姿のつつましやかな美女を思わすような好もしい印象を与えた」

また、こうした風景を構成する要素の一つとして、古くから日本人に親しまれてきた松についても紹介しています。

「ただケンペルによって〝日本松〟と命名された、西洋杉とも傘状松ともつかぬ針葉樹が、全景のなかで絵を思わせる不思議な美しさで際立ち、その曲がりくねった幹と枝の大胆かつ鋭角的な屈曲で、見慣れぬものの目を射、全体の景色に異国情緒たっぷりのえもいわれぬ趣きを与えていた。日本の自然の特徴をなすこれらの松の姿は、日本画家の手によって、絵画や扇子、櫃、お盆など、つまり今日 bibelot〔骨董品〕の総称でもって、ヨーロッパ中で引く手あまたの無数の家庭日用品のなかに、見事なほど写実的に美しく再現されている」

彼が来日したのは明治七年のことですから、こうした松が描かれた日本の工芸品が、それ以前から西洋で人気があったことがわかります。

メーチニコフが来日した明治初期の日本は、欧米文化を急速に採り入れるがために、社会的混乱が生じた時期でした。しかしながら、日本がこの明治時代の荒波を乗り越えることができたのは、メーチニコフが高く評価したような当時の日本人の民度の高さがあったことが、大きな要因の一つだったのではないでしょうか。

16

「人々が正直である国にいることは実に気持ちがよい」

エドワード・シルヴェスター・モース
（一八三八〜一九二五） アメリカの生物学者。明治十（一八七七）年、来日。大森貝塚を発見し発掘調査。東京大学で動物学を講義、進化論を初めて紹介し、また日本の考古学・人類学の発達に寄与した。著書『日本その日その日』石川欣一訳、講談社学術文庫、二〇一三年／『日本のすまい・内と外』上田篤・加藤晃規・柳美代子訳、鹿島出版会、一九七九年

東京の品川区・大田区にまたがる大森貝塚を発見したことで有名なアメリカの生物学者エドワード・シルヴェスター・モースは、明治十（一八七七）年、明治十一（一八七八）年、明治十五（一八八二）年の三回に亘って来日しています。最初の来日の時、乞われて東京大学の初代動物学教授になりますが、本当の目的は、腕足動物という二枚貝によく似た生物の採集でした。アメリカではたった一種類しか発見できなかったその生物は、日本には三十〜四十種類が生息することを、モースは人づてに聞いていたので、かなり楽しみにして来たに違いありませ

ん。また、日本に初めてやってきて、すぐに大森貝塚を発見し、発掘活動にも着手します。これが日本の近代考古学の原点となります。

また彼の興味は生物学や考古学に留まらず、陶器や磁器などの美術品や民具にも及びます。専門家によると、特に三度目の来日の時は、日本美術の熱心な収集家であるウイリアム・ビゲロウや近代日本の美術教育と文化財行政の基礎を築いたアーネスト・フェノロサらと旅に出て、二千九百個とも言われる膨大な数の陶磁器を買い付けてアメリカに持ち帰っています。その「モース・コレクション」は今日、ボストン美術館（陶磁器類）やピーボディー博物館（民具類）に収蔵されていて、文明開化の荒波に潰え去ろうとしていた前時代の日本人の暮らしぶりを残した大変貴重な資料となっています。

モースの著書『日本その日その日』は、彼の日本での滞在記を三十年以上経った後まとめたものです。他にも三度目の滞在後ほどなく書かれた『日本のすまい・内と外』という本も出版しています。海洋生物の採集や貝塚の発掘、美術品の収集などに活発に取り組む中、彼は日本人の生活をこと細かく観察し記録に残しただけでなく、多くのスケッチも残しました。

「国民の住家に錠も鍵も閂も戸鈕も――いや、錠をかけるべき戸すらも無い」

それでは、これほどまでに日本に魅せられ、日本を愛したモースが見た、当時の日本を見ていきましょう。

まず、彼は日本人がとても正直な国民性を持っていることに、深く感動しています。横浜の宿にて、こんなことを言っています。

「人々が正直である国にいることは実に気持ちがよい。私は決して札入れや懐中時計の見張りをしようとしない。錠をかけぬ部屋の机の上に、私は小銭を置いたままにするのだが、日本人の子供や召使は一日に数十回出入りしても、触ってならぬ物には決して手を触れぬ。私の大外套と春の外套をクリーニングするために持って行った召使は、間もなくポケットの一つに小銭若干がはいっていたのに気がついてそれを持って来たが、また、今度は桑港（引用者注・サンフランシスコのこと）の乗合馬車の切符を三枚もって来た。この国の人々も所謂文明人としばらく交わっていると盗みをすることがあるそうであるが、内地にはいると不正直というようなことは殆ど無く、条約港に於ても稀なことである。日本人が正直であることの最もよい実証は、三千万人の国民の住家に錠も鍵も閂も戸鈕も――いや、錠をかけるべき戸すらも無いことである」

また、モースとビゲロウ、フェノロサが西日本を旅した時のことです。瀬戸内海に面した旅館に泊まった一行は、その旅館から岩国方面に出発するのですが、その前にモースはこの旅館に所持金の一部と大切な懐中時計を預かってもらおうと宿の主人に尋ねます。主人は快く預かってくれると応じました。ところが、その後はモースがまったく予想もしなかった展開となります。

「召使が一人、蓋の無い、浅い塗盆を持って私の部屋に来て、それが私の所有品を入れる物だといった。で、それ等を彼女が私に向かって差し出している盆に入れると、彼女はその盆を畳の上においた儘、出て行った。しばらくの間、私は、いう迄もないが彼女がそれを主人の所へ持って行き、主人は何等かの方法でそれを保護するものと思って、じりじりしながら待っていた。しかし下女はかえって来ない。私は彼女を呼んで、何故盆をここに置いて行くのかと質ねた。彼女はここに置いてもいいのですと答える。私は主人を呼んだ。彼もまた、ここに置いても絶対に安全であり、彼はこれ等を入れる金庫も、他の品物も、持っていないのであるといった」

言うなれば、何の管理もしないような状態で、預けた大切な所持品が盗まれることがないなんていうことが、あり得るのだろうかと。疑問を抱いたモースですが、ついにある実験をします。

「未だかつて日本中の如何なる襖にも、錠も鍵も閂も見たことが無い事実からして、この国民が如何に正直であるかを理解した私は、この実験を敢えてしようと決心し、恐らく私の留守中に何回も客がはいるであろうし、また家中の召使でも投宿客でもが、楽々と入り得るこの部屋に、蓋の無い盆に銀貨と紙幣とで八十弗と金時計とを入れたものを残して去った。我々は一週間にわたる旅をしたのであるが、帰って見ると時計はいうに及ばず、小銭の一銭にいたるまで、私がそれ等を残して行った時と全く同様に、蓋の無い盆の上に載っていた」

　この事実に、彼は驚きと同時に、日本人に対する尊敬の念を抱いたに違いありません。モースはこれに対比して、欧米社会の様子を綴り、この話を終えています。

「米国や英国の旅館の戸口にはってある印刷した警告や、訓警の注意書を思い出し、それをこの経験と比較する人は、いやでも日本人が生得正直であることを認めざるを得ない。しかも私はこのような実例を、沢山あげることが出来る。日本人が我が国へ来て、柄杓《ひしゃく》が泉水飲場に鎖で取りつけられて、寒暖計が壁にねじでとめられ、靴拭いが階段に固着してあり、あらゆる旅館の内部では石鹸やタオルを盗むことを阻止する方法が講じてあるのを見たら、定めし面白がることであろう」

「階級の如何に関係なく学校の生徒の服装が一様に質素である」

　モースは、日本人の正直な国民性だけでなく、誰に対しても優しく思いやりがある性格にとても惹かれ、高く評価した外国人でした。

「日本に着いてから数週間になる。その間に私は少数の例外を除いて、労働階級——農夫や人足達——と接触したのであるが、彼等は如何に真面目で、芸術的の趣味を持ち、そして清潔であったろう！　遠からぬ内に、私は、より上層の階級に近づきたいと思っている。この国では『上流』と『下流』とが、はっきりした定義をもっているのである。下流に属する労働者たちの正直、節倹、丁寧、清潔、その他我が国に於て『基督教徒的』とも呼ばれるべき道徳のすべてに関しては、一冊の本を書くことも出来るくらいである」

西洋では現代でも色濃く階級社会が残っていますが、当時の日本は、それとは異なる社会を実現していました。

モースは日本に滞在中、様々な場所で講演をする機会がありました。ある時、彼は華族の子弟だけが通学する華族学校に招かれ、四回に亘り講義をします。講義をしながら、彼は生徒達を見てあることに気がつきます。

「私はこの学校で初めて、貴族の子供達でさえも、最も簡単な、そしてあたり前の服装をするのだということを知った。ここの生徒達は、質素な服装が断じて制服ではないのに拘らず、小学から中等学校に至る迄、普通の学校の生徒にくらべて、すこしも上等なみなりをしていない」

富裕な上流階級の生徒達であれば、当然、身なりも良くできるはず。不思議に思った彼は、華族学校の院長に尋ねます。

「階級の如何に関係なく学校の生徒の服装が一様に質素であることに、徐々に注意を惹かれつつあった私は、この華族学校に来て、疑問が氷解した。簡単な服装の制度を院長の立花子爵に質問すると、彼は日本には以前から富んだ家庭の人々が、通学する時の子供達に、貧しい子供達が自分の衣服を恥ずかしく思わぬように、質素な服装をさせる習慣があると答えた」

上流階級の人たちが、貧しい子供達に、卑屈な想いをさせないよう惻隠の情があったことに、モースはとても感心したのです。

一方で、庶民の様子はどうだったのでしょうか。

「日本人が、何人をも思いやり深く取扱うことも、彼等の性格の注目すべき特性である……私は今迄に障碍のある者や、襤褸《ぼろ》の着物を着た者や、変な着物が、ひやかされたり、騒ぎ立てられたりしたことを、只の一度も見ていない」

社会的弱者である貧しい人々や障害者を社会の一員として同等に扱う格差のない社会が実現していることに、非常に驚いています。

さらには、その思いやりは人間だけに限ったことではなく、動物に対しても同様でした。

「先日の朝、私は窓の下にいる犬に石をぶつけた。犬は自分の横を過ぎて行く石を見ただけで恐怖の念は更に示さなかった。そこでもう一つ石を投げると、今度は脚の間を抜けたが、それでも犬は只不思議そうに石を見るだけで、平気な顔をしていた。その後往来で別の犬に出喰わしたので、わざわざしゃがんで石を拾い、犬めがけて投げたが、逃げもせず、私に向って牙をむき出しもせず、単に横を飛んで行く石を見詰めるだけであった。私は子供の時から、犬というものは、人間が石を拾う動作をしただけでも後じさりをするか、逃げ出しかするということを見て来た。今ここに書いたような経験によると、日本人は猫や犬が顔を出しさえすれば石をぶつけるような真似はしないのである」

実験とはいえ、酷いことをするものです。今でこそ動物や子供など社会的弱者を虐待するニュースが絶えない世の中になってしまいましたが、モースは当時の日本人を様々な角度から観察し、生きとし生けるすべてのものに対して思いやりの心を持っていることに感銘を受けたのです。

「彫刻した昆虫の腹部や、動物の彫像の基部が、解剖学的な正確さで仕上げてある」

ところで、モースは日本人の生活空間が素晴らしいことを、特に繰り返し書いています。私達にとっては当り前のことなので、あまり気付くことはないかもしれませんが、彼は、日本人の生活そのものが芸術であるとでも言わんばかりの表現をしています。

「部屋にはいずれも広い張出縁と、魅力に富んだ周囲とがあり佳良である。私は屋根の一つある、一間きりの小さな家を占領しているが、張出縁から小さな反り橋がこれに通じ、灌木の叢が床と同じ高さまで生え繁っている。私の写生帳は襖や格子細工や窓の枠や美しい欄間やで一杯である。それ等の意匠の典雅と美麗とは即席の写生図で示すことは不可能である。薄板に施した形板きざみは完全で、例えば打ちよせる波は、奇妙な牧羊杖の手法と空中にかかる各々の水滴とで、あくまで月並ではあるが、しかも速写写真が示す波の外見を、そっくり表わしている」

また、当時はそうした芸術を生み出す職人技が日本の各地に存在していました。

「数百哩にわたってこの国を旅行する人が驚かずにいられぬのは、如何に辺鄙な寒村にでも、これ等の仕事を充分やり得る腕を持つ、大工や指物師や意匠家がいることである」

「日本の細工物を調べる外国人は、それが如何なる種類の物であっても、その表面のいたる所が、同じ様に完全に仕上げてあることに、直ちに印象づけられる。青銅の像でも、漆塗りの箱でも、印籠でも、根付でも、底部が目にふれる面と同様に、注意深く、そして正確に仕上げてある。また彫刻した昆虫の腹部や、動物の彫像の基部が、解剖学的な正確さで仕上げてあるのに、驚かされる」

日本各地に、手を抜かず洗練された手仕事をする職人がいて、美しい生活空間を作り出していたことに、驚きと好感を持った様子を見て取ることができます。


「日本人ほど花を愛する国民はいない、といってもいいすぎではない」


モースは、当時の日本人の生活ぶりをとてもよく観察し、詳細な記録と膨大なスケッチを残し、日本人の生活そのものが芸術であると表現しました。とりわけモースは、庶民の生活ぶりに注目しています。

「路に接した農家は、裏からさし込む光線に、よく磨き込まれた板の間が光って見える程あけっぱなしである。靴のままグランド・ピアノに乗っかる人が無いと同様、このような板の間に泥靴を踏み込む人間はいない。家屋の開放的であるのを見ると、常に新鮮な空気が出入りしていることを了解せざるを得ない」

「田舎の旅には楽しみが多いが、その一つは道路に添う美しい生垣、戸口の前の綺麗に掃かれた歩道、家内にある物がすべてこざっぱりとしていい趣味をあらわしていること、可愛らしい茶呑茶碗や土瓶急須、炭火を入れる青銅の器、木目の美しい鏡板、奇妙な木の瘤、花を生けるためにくりぬいた木質のきのこ、これ等の美しい品物はすべて、あたり前の百姓家にあるのである」

当時の日本人にとってはごく当たり前の生活が、モースからしてみれば、全てが芸術作品に見えるくらい生活レベルの高さを感じていたのでしょう。

じつは、彼はこうした日本人の生活や文化をクローズアップした『日本のすまい・内と外』という書籍も、アメリカに帰国後、一八八五年に出版しています（邦訳版は一九七九年に鹿島出版会より出版）。この本は、アメリカの生活や文化と比較して、日本の生活や文化はとても上品だと紹介している内容がたくさん登場します。ある意味、自国の文化を卑下するようなことを平気で書けることが、自由の国アメリカといった印象も受けますが、それだけ日本の生活や文化の素晴らしさが際立つ内容になっています。いくつか見ていきましょう。

第6章で紹介したイギリスのプラントハンター、ロバート・フォーチュンも語っていますが、なんと言っても、当時の日本人の生活には花が欠かせませんでした。

「花を愛する、ということは、日本人の国民性である。日本人ほど花を愛する国民はいない、といってもいいすぎではないだろう。絵画では、花がもっとも一般的なテーマであり、また装飾芸術においても、切花が、自然のままであれ、あるいは型にはまったものであれ、第一等のモチーフとしてえらばれる。それにしても、刺繍、陶器、漆器、壁紙、扇子、金物細工、青銅などには、可憐ではかない花、という素材が、いつもえがかれたり、彫られたりしている。家のそとにも、いつも花がある。日本人は生まれてから死ぬまで、毎日、花にしたしんでくらしている。そして人が死ねば、むかしからその墓のうえには花がささげられるのである」

また、花を愛する日本人は、その花を生ける器にも工夫を怠りません。

「日本の花瓶は、たいてい、あらい仕上げのそまつな陶器である。ウワグスリもかんたんにかけられ、形もととのっていない。そして、どっしりとしておもいので、安定感があり、おおきな桜の枝をいけても、たおれるという心配がない。花器の素朴さが、いけられた花の繊細さをいっそうひきたたせる。アメリカであれば、下水管や蜂蜜の壺でもつくりかねないそまつな材料で、日本人はひじょうに魅惑的な、ぴったりと形のきまった花器をつくるのだ。日本の陶工は、まさに芸術家である。それにくらべてアメリカの陶工は、なんとひどいことだろう」

そうしたこだわりの器に飾られる花のある室内空間は、どんなものだったのでしょうか。じっくりと見ていきましょう。

「日本の家の雰囲気には、やすらぎがある。畳のうえにしばらくすわっていると、そのヘヤのかざり気のなさに気がつく。襖紙は、あわい中間色であり、漆喰壁もおなじような色調のあわい色か、茶色または石のようなネズミ色が一般的だ。杉板の天井は、木のふくよかな色である。いたるところにみられる木の仕上げは、つつましやかで、まるで、画家の赤貧がもたらす清らかな自然、といったような色をいつもたたえている――これらのすべてのものが、ひとつになって、ヘヤの静けさをつくりだし、最高に洗練された空間としている。また、ヒヤリとした畳でおおわれている床は、以上のものとあざやかな対比をみせる――その表面はどこをみてもあかるく、また、長方形に黒くふちどられている。一見、めだたない畳でおおわれているこの国の床の幅や長さが即座にわかるのも、ありがたいことだ。これを単調だ、とおもう人がいるかもしれないが、それはきれいな空気や、きよらかな水の単調さとおなじことである。このようなヘヤには、妙な形の装飾品など必要ではないし、じっさい、そんなものをおく場所もないのである」

「日本の室内でもっともすばらしいのは、ヘヤと、そのなかにおかれるいろいろなモノの色との、調和と対比である。掛軸の絵と、その錦織りの縁どり、また、それにかけられている床の間のおちついた、やさしい色あいなどに、いつも洗練された調和がみられる。そして、この床の間に、あかるい色の桜の一枝がおかれたりすると、壁のおちついた色も急に活気をおびてくるのだ！　ヘヤぜんたいの雰囲気は、清楚な花の一枝、おちついた絵、素朴な陶器、ふるい青銅器などを、あざやかなまでにひきたたせるのである。このような静けさのなかで、高価な金蒔絵が、宝石のように輝いている――それでも、調和はくずれないのだ」

モースは日本に来た外国人であるがゆえに、日本人には当たり前すぎて気付かない日本の文化の良さを、豊かな表現で書き残しました。また、詳細は省きますが、多くの価値ある美術品を収集し、「陶芸のジャポニスム」とも言われる欧米の芸術活動に多大な影響を与えました。

「日本的精神につよく影響をうけたアメリカやイギリスの有名な芸術家たちは、調和や装飾ということに努力を傾注しはじめ、効果をあげてきている。これは、日本人の美的感覚の正しさを確証したものであり、まったくおもしろい現象といえる」

モースが心から日本の文化を認め、心酔した証左でもあります。

17

「馬子は一里引き返して
革ひもを探してくれたうえ、
わたしが渡したかった
何銭かを、旅の終わりには
なにもかも無事な状態で
引き渡すのが自分の責任だからと、
受け取ろうとはしません」

イザベラ・バード（一八三一～一九〇四）
イギリスの旅行家。明治十一（一八七八）年来日。日光、新潟を経て東北、北海道の各地を旅行。二年後、日本での印象をまとめた『日本奥地紀行』を刊行。明治二十七（一八九四）年再来日。二十九年まで横浜に住み、朝鮮、中国などを旅行した。著書『イザベラ・バードの日本紀行』時岡敬子訳、講談社学術文庫、二〇〇八年

イギリスの旅行家イザベラ・バードが来日したのは、明治十一（一八七八）年五月、内務卿大久保利通が東京・紀尾井坂で暗殺された一週間後のことでした。

この時代の日本は、急速な近代化を急ぐあまり、古き良き日本を失いつつありました。しかしながら、その近代化もまだまだ発展途上で、西洋から見れば日本は「半文明国」に過ぎないことが、彼女の記述から見て取れます。

彼女は明治十一年六月から九月まで、東京を起点に、通訳の伊藤鶴吉と共に日光から新潟に

抜け、日本海側から北海道に至る北日本を旅します。また十月からは神戸、京都、伊勢、大阪など関西を旅しました。

バードと聞いて、一般に最も取り上げられるのは、「女性が現地人の従者以外にお供をだれもつけずに外国人のほとんど訪れない地方を一二〇〇マイル旅しても、無礼な扱いや強奪行為にはただの一度も遭わずにすむのである」という日本の治安の良さを紹介した一文で、目にした方も多いと思います。

これを読むと彼女はとても親日的に見えますが、実は旅行家の立場から、日本の良さ・悪さを感じたままに記録している現実的な視点を持った人でした。旅の行く先々で好奇心満々に日本人から見られ続け、プライベートも何もまったくないことに辟易していますし、神道についてはあからさまに見下していることをバードは隠していません。それでもバードが見た日本は今日のわれわれにとって、とても興味深いものがあります。

「日光とは『太陽の輝き』という意味で、その美しさは詩歌に詠まれ絵画に描かれて日本全国に知れ渡っています」

まず、バードが旅した中から東京を出発して日光から新潟までに至るルートで、彼女が目にして記録したところを見ていきましょう。

『イザベラ・バードの日本紀行』には、彼女が訪れた町の名前が記録されています。日光、小百、小佐越、藤原、高原、五十里、中三依、横川、糸沢、川島、田島、豊成、栄富、大内、市川、高田、坂下、片門、野沢、野尻、車峠、栄山、津川、新潟などです。

地図でこれらの地域を追っていくと、現在の国道一二一～県道一三一～県道二三～県道二二～国道四九号ルート辺りで、現在でも確認できる地名が多くあります。

この旅で彼女が感動したものの一つは、これまで扱った外国人も諸手を挙げて絶賛したことですが、日本の国土・自然そのものの美しさです。

「日光とは『太陽の輝き』という意味で、その美しさは詩歌に詠まれ絵画に描かれて日本全国に知れ渡っています。山々は一年の大半を雪にすっぽりと、あるいはまだらに覆われ、神として崇められるその王者たる男体山を中心に、大連山を形成しています。みごとな樹木の森、まだほとんど人の入っていない渓谷や峠、無限の平穏に包まれて眠る深緑色の湖、中禅寺湖の水が二五〇フィート〔約七六メートル〕の高さから落下する華厳の深い滝壺、霧降の滝のまばゆい美しさ……大谷川がその間を上流からほとばしり流れる峠の鬱蒼とした壮大さ、つつじと泰山木の華やかさ、おそらく日本でも比類のない植生の豊富さ。これらはふたりの偉大な将軍を祀った神社周辺の見所のほんの一部にすぎないのです」

一度は日光に行ったことがある人でも、また行ってみたくなるような表現です。この旅で彼女は日光だけでなく、山々に囲まれた田島や津川の川下りの風景など行く先々で感銘を受けたことを記しています。

自然の美しさだけではありません。自然と調和した人の手の入った風景にも感動していま す。車峠と若松の風景について、

「彼らは土を耕し、この国を雑草の一本すら見当たらない美しく手入れされた庭園に変えました」

「その肥えた農地はよく耕されて、この草のはびこる時季にさえ一本の雑草も見当たらないのです」

と記し、田島の墓地についても、

「墓地は自然のままの山の中腹にぽつんとあるものでさえ、必ずよく手入れされています」

と、書いています。

日本列島の環境は、世界の中で最も植物の生成を促進すると言われています。庭や畑、墓地でも放っておけばすぐに雑草がぼうぼうに生えるという経験は、よくあることです。それゆえに耕作地や墓地の美しさは、日本人の真面目で手抜きしない性格を表しているとも言えます。

「服従は日本の社会秩序の基本で、家庭で絶対服従に慣れている子供たちが相手なので、教師はなんの苦もなく生徒を静かにさせたり、自分のほうに注目させたり、言うことを聞かせたりできます」

バードは道行く先々で人力車や馬や牛などに乗り、移動しました。その際付き従った車夫や馬子については、ことのほか好感を抱いたようです。

「馬子はわたしが濡れたり怖い思いをしたりしないかと気を遣い、旅の終わりには革ひもやゆるんだ荷がすべて無事かどうかを几帳面に確かめてくれます。そして心づけを当てにしてうろうろしたり、茶屋でおしゃべりをするために休憩したりなどせず、さっさと馬から荷を下ろすと、運送業者から伝票を受け取って帰っていきます。ついきのうも革ひもが一本なくなり、もう日は暮れていたにもかかわらず、馬子は一里引き返して革ひもを探してくれたうえ、わたしが渡したかった何銭かを、旅の終わりにはなにもかも無事な状態で引き渡すのが自分の責任だからと、受け取ろうとはしませんでした。馬子同士でも大変親切にし合うのは見ていて気持ちのいいものです」

決して身分が高いとは言えない人々でも、お客さんに対して、とても気遣いがあり親切な様子が窺えるだけでなく、仕事に対する誇りと責任感があり、高潔であることに感銘を受けている様子がわかります。

さらに、バードは学校も訪れています。明治五年に学制が公布されて以来、「国民皆学」を目指し、寺子屋に代わり、全国に学校が置かれていきますが、日光では午前七時から授業が始まっていたようです。

「服従は日本の社会秩序の基本で、家庭で絶対服従に慣れている子供たちが相手なので、教師はなんの苦もなく生徒を静かにさせたり、自分のほうに注目させたり、言うことを聞かせたりできます。教科書を懸命に読んでいる子供たちの大人びた顔には、痛々しいまでの熱意がありかす。外国人が教室に入ってくるというめったにないできごとがあっても、生徒たちはよそ見などするものではありません」

子供たちが学ぶことに喜びを感じていて、とても集中して授業を受けている様子に、バードは深い関心を示しています。

こうした子供たちの姿勢が、激動の明治時代を乗り越えていく原動力になったことが、よく理解できます。

「按摩は喫煙と熱いお風呂につぐ国民的な贅沢で、これを楽しまない日本人は、たとえ貧乏人といえどもいません」

続いて、イザベラ・バードの旅行記から、新潟を起点に青森までの全長約三六八マイル（約五八九キロメートル）と記された行程の中で、彼女が見た日本を紹介しましょう。

バードが辿ったこの区間の主な地名を見ますと、新潟から小国、上山、山形、天童、新庄、横手、久保田、大館、黒石、青森など計四十八カ所が記されています。地図を辿って行くと、現在の国道七～県道一一三～国道一一三～国道七号辺りを通ったことがわかります。

まず、大都市である新潟の商店街には様々な生活必需品が売られていて、品質の良い物がたくさんあったことに驚いています。なかでも丁寧に作られた物の美しさに感動しており、それを生み出す職人技に、彼女はとても魅了され、購買意欲を掻き立てられる様子を書いています。

「樽屋や桶屋には細工が絶妙で用途の並外れて広い品物があります。樽屋の前を通るたびに、わたしはなにかしら買いたくなります。ありふれたたらいが、材料を入念に選び、細部のつくりと美的感覚に留意することによって芸術品に変わっているのです」

「染め付けの磁器のファンはその種類の多さにとまどいそうになるでしょう。ものによってはその美しさ、ことに魚料理を盛る大皿の大胆なデザインのあり方に。日本国内ではいたるところで染め付け磁器を積んだ馬を見ますし、染め付けの器を目にしなかった道筋の茶屋はほとんどありません。なかには非常に古いものもあり、買いたくてたまりませんでした」

他にも日本独自の文化から生み出された物として、こんな紹介もしています。

「提灯の店はいちばん目立っておもしろい店のひとつです。提灯の用途の広さといったら、見当もつかないでしょう。提灯は日本独特の魅力のひとつです。宗教的であろうがなかろうが、何百何千もの提灯なしにはどんな祭りも完結はしません。夜は多くの家や店の表に提灯をともし、宿屋、茶屋、劇場は常時照明を絶やさず、徒歩の通行人、車夫は必ず自分の名を白地に赤か黒の漢字で記した提灯を携えています……提灯の飾りには創意、発想、センスが最大限に生かされ、その多くが、なかでも日常的に使うものはとくに、とても美しいものです」

世界中を旅したバードでも珍しいものがたくさんあったようです。

そして、いよいよバードと通訳の伊藤鶴吉が新潟から北上する旅に出発します。途中、立ち寄った上山の駅逓所（宿場のこと）では、日本人の親切で高潔な心に触れます。

「この家の女性たちはわたしが暑がっているのを知ると、気をきかせてうちわを取り出し、丸一時間わたしをあおいでくれました。代金を聞くと、それはいらないと答え、まったく受け取ろうとしません。これまで外国人を一度も見たことがない、本にわたしの『尊い名前』を書いてもらったからには、お金を受け取って自分たちを貶めるわけにはいかないというのです。そればかりか、彼らは砂糖菓子をひと袋包み、また駅逓職員はうちわに自分の名を書いて、わたしに受け取れと言うのです。悲しいことにわたしのほうからあげられるものはイギリスのピンが何本かしかありませんでしたが、彼らはこれまでそんなものを見たことがなく、まもなくピンを人から人へと回しはじめました。わたしは日本のことを覚えているかぎり、あなたがたのことも忘れませんと心に思うままを言い、彼らの親切心にとても打たれつつ旅を続けました」

また、大館で出会った盲人の按摩師についてもこう記しています。

「按摩は喫煙と熱いお風呂につぐ国民的な贅沢で、これを楽しまない日本人は、たとえ貧乏人といえどもいません。これはハワイ諸島のロミ・ロミに相当するもので、すべての関節をたくみにやわらげ、すべての筋肉をもみほぐして、それとともに痛みや疲れを取り去るというものです。『按摩』は伊藤の毎日の贅沢で、また人力車の車夫はなにかにつけ疲れた四肢を按摩師にゆだねます。盲人の数は非常に多く、とても興味深いことに、彼らは保護や慈悲を受けなくとも自立した生活を営んでいけるのです。日本人は一風変わった経済的自立心がとても旺盛で、外国人のそれから離れたものであればあるほど目につきます」

身体にハンデキャップがある人でも、自立した生活を営むことができる日本の社会のあり方に感心しています。

「わたしはほかと同じく浴場にもきちんとした礼儀正しさが浸透しているのに気づきました」

さらに、この旅の終着地青森の手前の黒石の辺りにある下中野の温泉地でのことです。日本を訪れた外国人の多くが混浴に眉をひそめましたが、バードは旅先で混浴の大衆浴場にも入った数少ない外国人でした。

「入浴客はとても礼儀正しく、わたしがきわめて不本意ながら闖入《ちんにゅう》してしまったことには関心を示さず、しかも車夫は違和感などなにひとつなくわたしを連れて入ったのでした。わたしはほかと同じく浴場にもきちんとした礼儀正しさが浸透しているのに気づきました。それにひしゃくや手ぬぐいを人に渡すときは深々とお辞儀をすることにも。大衆浴場は世論が形成されるところで、女性がいるので危険あるいは扇動的な結果を招かないと言われます。ただし政府は全力をあげてふしだらな入浴を防いでいます。改革がこういった辺地まで達するのには時間がかかるかもしれませんが、遅かれ早かれやってくるのはまちがいありません。大衆浴場は日本の特色のひとつです」

われわれ日本人にとっては当たり前のことですが、こんなところにも日本の良さを見出していたことがわかります。

「京都の商店はいくつもの美しい品々がていねいに配置され、とまどうほどです」

イザベラ・バードは、その後、青森から津軽海峡を越え、蝦夷（北海道）を旅します。そして蝦夷から一旦東京に戻った後、最終目的地として京都・奈良・伊勢・大阪・神戸など関西を旅しています。

ここでは触れませんが、バードはこの旅で、アイヌに関するとても多くの記述をしています。また、明治初期、大都市では近代化を急ぐあまり多くの古い伝統文化が捨てられて行く一方で、地方の多くはその変化に置き去りにされているとして、当時の日本人が時代の波に翻弄され混乱している様子を、ありのままに表現しています。

もちろん混乱だけでなく絶賛した場面も多くあります。特に風景の美しさを評する場面は日本のどこに行っても数多く出てきますが、ここではバードが関西を旅した中から、あえて風景美以外のところにスポットを当ててみます。

まず、京都については、

「学校、病院、精神病院、刑務所、薬局、救貧院、噴水、公園と庭園、えもいわれぬ美しい墓地、痛いほど清潔な街路を持つ京都は、日本でも最良に整えられ、最良に運営されている都市です」

と紹介し、機能的に整備された街の全体を絶賛しています。京都の魅力について絶賛したのは、それだけではありません。

「通が購うのは高価なものにかぎらず、一般の人々が用いる家庭用家具もその対象となりますが、これが形といい色といい全体の趣といい、非の打ちどころのないものが多いのです。日本家屋の床の間や壁に一輪の蓮や菖蒲や牡丹、あるいは藤がひと枝飾ってあるように、日本人の用いる茶碗や花瓶や漆器ではたったひとつの装飾の効果をみんな知っており、装飾の繰り返しは避けられています。よって、竹の小枝、葦の茂みにいる一羽だけの鶴、灰色やクリーム色の地にかすかな緑でほとんど影のようにぼんやりと描かれた竹、桜の小枝に止まった一匹の蝶やいなごをどこか思いがけず優美な位置に一見無造作に配したものが、いつもお盆や花瓶や急須の唯一の装飾なのです」

「何百とある京都の商店はいくつもの美しい品々がていねいに配置され、とまどうほどです。故国にいる友人たち全員におみやげを買いたいのですが、きっとつまらないものと思われるか、ほかの品のない室内装飾品といっしょくたにされてしまうか、そのどちらかでしょう！　あなたに日本人の趣味のよさをわかってもらうために、完璧に洗練された正真正銘日本的な黒い無地の漆塗りの飾り棚を見せたいものです。不規則な形の棚板が変わった位置に配してあり、ごくわずかな本物の宝物がそこに置いてあるのです」

京都では庶民が日常使用する道具一つにさえ、その趣味の良さが窺えるというのです。

また、日本を代表する織物である西陣織と職人の技術の高さについて、文句のつけようのない賛辞を述べています。

「西陣の織機にはフランス人が絶望のあまり死んでしまいそうな絹地や錦がかかっていました。こういった実に美しい製品は採光の不充分なとても狭い部屋でつくられており、多くて四、五人の織り手が全霊をこめて仕事に打ち込んでいます。三二インチ〔約八〇センチ〕幅の帯用錦織があり、淡いグレイの色合いの豪華な絹地でした。その地色に銀色の竹の茂みがほんのわずか風雅にあしらってあり、地色より濃い灰色で茂みの影が描いてあります。それ自体が一幅の絵画で、いくつかある同じように美しい柄のひとつにすぎないのです」

ちなみに、旅の途中に乗った汽車の中では、庶民の親切心と礼儀の良さに触れています。

『ふつうの人々』がどのように振舞うかをとても見たかったので、三等車に乗りました。車両は肩の高さより上は仕切りがなく、たちまち日本人の最も貧しい階層の人々で完全に満員になりました。三時間の汽車の旅でしたが、わたしは乗客の彼ら同士やわたしたちに対する親切心と全体的な礼儀正しさにつくづく感心しました。非常に行儀がよくてやさしく、それはみごとなもので、故国の大きな海港都市あたりでおそらく見られるものとはとても対照的です。それに日本人はアメリカ人のように、きちんとした清潔な服装をして旅し、自分たちや近所の人々の評判に気を配るのです。わたしたちの最良のマナーも優美さと親切さの点で彼らに及びません」

「八世紀の目録に記されている物品が現存しており」

古都・奈良では、正倉院を見て、その特徴をつぶさに記しています。

「最も興味深いもののひとつに重い木材を水平に組み、高さ八フィート〔約二・四メートル〕の無垢の丸太で支えた巨大な木造の倉庫があります。およそ想像しうる最もわびしい建物です。これにはことに関心をそそる点があります。というのもこの建物は八世紀の末、皇室が奈良から京都に移る直前、天皇の調度や所有物を安全に保管するために建てられたもので、それ以来六一年ごとに点検し、必要な場合は修理しているのだそうです。さらに興味深いのは、木造建造物が一〇〇〇年という歳月の破壊をもたらす作用を免れたばかりか、八世紀の目録に記されている物品が現存しており、あとから加わったものとは簡単に区別がつくという点です」

また、日本が正倉院を有している価値を外国人ならでは視点でこう記しています。

「この巨大な『倉庫』に保管してあるものには衝立て、絵画、仮面、書物、彫刻、輪投げの輪の大きさの丸い石鹸、銅製の碗と皿、ビーズや装飾品、鼈甲製の『孫の手』、陶器とガラス、衣装、鐘、帽子、武器、各種器具、青銅製品、便箋、土偶、木像などなどがあります。わたしたちにカール大帝やアルフレッド大王のこのようなコレクションがあったなら、どれほど価値があったことでしょう」

バードは、正倉院や日本の原風景が残る地域を探訪することで、古き良き日本の素晴らしさに感動したのです。

18

「ヨーロッパの著述家は北斎を日本最大の芸術家として称揚し、彼に対してあらゆる賛辞を惜しまない」

アーネスト・フランシスコ・フェノロサ
（一八五三〜一九〇八）アメリカの東洋美術史家。明治十一（一八七八）年、来日。東大で哲学などを教えるかたわら、日本美術を研究。文化財の保護に尽力した。岡倉天心とともに東京美術学校（後の東京藝術大学）を創設。のち、ボストン美術館東洋部長。著書『東洋美術史綱』森東吾訳、東京美術、一九七八年

アメリカの東洋美術史家・哲学者のアーネスト・フランシスコ・フェノロサと言えば、美術の専門家や愛好家にはお馴染みの名前ですが、一般にはあまり詳しく知られていません。

彼は黒船来航の嘉永六（一八五三）年にマサチューセッツ州で生まれ、ハーバード大学で哲学や政治経済学を専攻します。その後、先に紹介したエドワード・S・モースの推挙で、東京大学のお雇い教師として明治十一（一八七八）年に日本に赴任。大学では哲学や政治経済学を担当しました。

彼が日本に呼ばれたのは、美術とは全く無関係でしたが、元々美術に関心が高く、またモースやアンダーソンなど他のお雇い外国人が日本の美術品を熱心に収集していることに刺激を受け、彼もまた日本の美術に強く惹かれて行きます。フェノロサは、その心境をこう語っています（『浮世絵史概説』）。

「それはあたかもアラジンの宝庫の鍵をみつけたようなものである。あるいは、地下に無尽蔵の鉱脈が横たわっていることを示す、数握りもの金塊を掘り当てた夢を見るようなものだ」

一方、この頃の日本は、廃仏毀釈の行き過ぎから仏像や寺院所蔵の絵画など美術的価値のあるものが破却、あるいは二束三文で売り飛ばされる時代でした。そのため多数の美術品が海外に流出していきます。やがてこれに危機感を抱いた明治政府が調査に乗り出し、それに協力してフェノロサは助手の岡倉天心とともに古寺の美術品を調査します。

専門家によると、当時はまだ今日のように「美術」という観念が日本に確立していなかった時代です。同時に、国宝・重要文化財の概念もなかった時代です。そうした中で、フェノロサは研究を進めて日本美術の価値を訴え、保存運動を展開。天心らとともに東京美術学校（現在の東京藝術大学）の設立にも尽力することになります。

『東洋美術史綱』はフェノロサ没後の一九一二年に刊行され、邦訳は上下巻約七百頁に及びます。本書において、彼は古代から近世までの日本の歴史的経緯とともに、そこに存在した美術について多くのことに言及していますが、今回は比較的一般に知られている代表的な美術品に絞って見ていきます。

「われわれにとって最も魅力があるのは、美学的にみたこの作品のすばらしさにある」

まずは、奈良時代の美術品です。現代では国宝となっている東大寺三月堂（法華堂）にある仏像について、フェノロサはこう評価しています。

「間違いなく和銅、養老の絶頂期の作品で今日に残っている最高の傑作は、しばしば巨大ともいえる塑造菩薩像であり、特に東大寺三月堂の大きな須弥壇上に安置されている合掌祈念の菩薩立像二軀である。もし日本美術に対するギリシャ美術の影響に疑いを抱く者があれば、その人はこの梵天、帝釈天両像を見るに及んで、その疑念は雲散霧消するであろう。これを梵天、帝釈天と称するのは、おそらく呼び誤りであるかもしれない。この両像は上代彫刻のうちで最も女性的だからである。女性的であるというのは、パルテノン神殿のトルソやミロのヴィーナス像に匹敵するほどに、そのプロポーションのスケールが大きく、しっかりしている意味においてである。……深く刻んだ衣文の襞は、その美しさの点で、古代ギリシャ彫刻の最上のものに劣らず、帯の結び目の浅い彫りも薬師寺本尊の三尊像光背の天人のごとくに精妙である。面貌もまた小群中の小菩薩のごとく、愛らしさのうちにも気品が窺われる。そのプロフィルは特に美しい。われわれはこの両像を薬師寺の巨像と並んで、この時代の最高の傑作とみなさざるをえないのである」

ミロのヴィーナスに匹敵するなんて、まさに絶賛ですね。

話は前後しますが、フェノロサは最初に触れた古寺の美術品調査について、古くから秘仏とされ人目に触れることなく守られてきた法隆寺の夢殿にある救世観音の調査に岡倉天心とともに向かいます。明治十七（一八八四）年のことです。

僧侶たちは二百年前より開扉したことのなかった厨子の扉を開ければ、仏罰が下り、地震が起き、法隆寺は崩壊すると強く反対しましたが、美術品の海外流出を憂いていた政府の許可もあり、ついにはその扉を錆びついた鍵で開けます。何重にも巻かれた白布が観音像から取り除かれる時、僧侶たちは逃げ出してしまったそうですが、彼はその秘仏を見た時の感動をこう記しています。

「われわれにとって最も魅力があるのは、美学的にみたこの作品のすばらしさにある。この像は正面からみるとそれほどの気品はないが、プロフィルの美しさにおいて、古代ギリシャ彫刻に迫るものがあるようだ。体の両側を肩から足元に流れる長い衣文の線は、あくまで直線に近い静かな曲線で中断されるところがなく、これがこの像の長身と尊厳を強調している。胸はくぼみ、下腹部は心もち突き出し、宝珠を把《と》る手の動きは力強い形制（modelling）である。しかし、その秀逸な特徴は横顔にあり、その鼻は漢人のごとく高く、額は真直ぐで聡明である。唇は黒人のそれに似てむしろ厚く、静かで神秘的な微笑を含んでいるのは、ダ・ヴィンチの描いたモナ・リザの微笑を連想させる。古代エジプト美術がその最盛時にあってもなおぎこちなさを残しているのに比すれば、この像は、その彫法の鋭さと個性的な点で、いっそうすぐれた出来栄えを示している。それは、スラリとしている点で、フランスの北部のアミアン寺院のゴシック像に似ているが、いろいろな線を単一の体系にまとめている点ではるかに穏和であり、また統一的である。衣文のあしらいは呉の金銅仏に基いていると思われるが、スラリとした長身のプロポーションは、突如として予期しない美観を添える結果になっている」

こうして救世観音は、長い時を経て姿を現しました。それは、信仰の対象であった仏像が、美術作品としても評価される時代が訪れたことを意味していました。

「それは類をみない私設博物館で、この種の倉として世界でも最大のものである」

アラジンの宝庫の鍵を見つけたフェノロサは、次々に日本に存在する古代から近世に至るまでの美術品の価値を見出し、称揚して行きます。

まず、彼が古代のもので注目したのは、教科書でもお馴染みの奈良の正倉院です。正倉院は東大寺大仏殿の北西にある木造・校倉造りの宝物庫です。天平勝宝八（七五六）年、聖武天皇が崩御され、光明皇后がその遺品を東大寺に納められたのが始まりで、他にもシルクロードを経てわが国に伝来した貴重な美術品・工芸品も収蔵されています。これらは「正倉院宝物」という皇室の御物であり、国宝・重要文化財の指定対象外ですが、歴史的・世界的に価値の高いものばかりです。

これを初めて見た時の彼の感動の様子が次の記述からわかります。

「それは類をみない私設博物館で、この種の倉として世界でも最大のものである。わずかにこれと匹敵するものを求めるとすれば、ローマの出土品を納めてあるナポリの博物館とポンペイとを組合せたものがあるくらいだ」

「往古の文明時代の日常生活や美術を研究する機会がこのように与えられているところは、ほかにはない。これらの文物を通して、おそらくわれわれは、今日の中国や日本を知る以上に、奈良時代の生活や、初唐における中国人の生活の日本における反映を知ることができるのである」

正倉院は博物館ではないのでその点は異論がありますが、とにかく世界的に稀有な価値があるのだと評価していることが分かります。聖武天皇の御代以降も日本の国体が替わることなく現代に至っていることは、正倉院の宝物を守ることができた大きな要因の一つです。世界と比較して、そのことは非常に価値があることを、彼は感じたに違いありません。

「直線や稜角を描かせては、世界の美術広しといえども、彼の右に出る者はいない」

ところで、時代は一気に室町時代に下りますが、水墨画で有名な雪舟についてもフェノロサは取り上げています。雪舟は禅僧の絵師で、当初は京都で活動していましたが長年思うように実績が上がりませんでした。やがて今の山口県辺りを治めた守護大名大内氏の庇護を受けるようになると、雪舟は大内氏が勘合貿易で明に送り出していた船に乗り、どうしても行きたかった明で約四年間絵を学びます。苦労を重ね、無事に日本に帰った雪舟は、有名な《天橋立図》や《秋冬山水図》など、多くの作品を残します。

その雪舟の作品をフェノロサは高く評価しています。

「彼の画題は範囲が広く、中国的主題のどの種類にも及んでいる。肖像画は宗教家、歴史的偉人、象徴的人物、伝記の主人公にわたっており、群衆の生態は都会、宮殿、寺院、田園、山中の渓谷などを背景としている。鳥獣にも人間に似た心理を看取し、その姿を鏡に映すように愛らしく描出する。桃李園を王侯のように漫歩する鶴、獲物を狙う鷹を恐れて寺院の蓮の葉蔭におずおずと隠れる鷺《さぎ》、一家団欒《だんらん》の鶏や鴨、みそさざい、かけす、鳩などの華麗なポーズと矢のように迅速な動き、柔和な眼の鹿、疑い深そうな兎、人間の姿を朧気に認めて叫ぶ猿、日光浴を楽しむ蛇のように疾風を迎える虎、大地の生血《いきち》——水の沸《た》ぎるのをその本性のうちに実感する竜、などなどが活写される」

また、技法についても、高く評価しています。

「彼は明らかに牧谿《もっけい》の闊達《かったつ》な運筆に倣っているが、その柔らかさや丸味を避けている。直線や稜角を描かせては、世界の美術広しといえども、彼の右に出る者はいない。いかに穏かな風景でも、彼がその気になれば、いわば斧で削った樫の楔《くさび》のような手法で、表現できない山水はない」

「それは、滑らかに磨きあげた古代の大理石像と、意図的に肌理《きめ》を粗く彫刻したロダンの市民像との相違にほかならない。その成果は、近代ヨーロッパの画家気質とともに生じたものと同じ性質の、力強い画趣であった。すなわち、レンブラント、ベラスケス、マネなどにみられる男らしい雰囲気的効果であり、サージェントやホイスラーの描筆の魔術がそれである」

「世界三大肖像画家」と言われるレンブラントとベラスケスのような巨匠たちになぞらえていることは、彼が雪舟をいかに評価しているかが分かります。

「日本には、光琳の屏風が多い。なかでも最高の傑作は金地著色燕子花図」

さらにフェノロサは、今日では琳派と呼ばれる系譜の芸術家たちを高く評価しています。俵屋宗達・本阿弥光悦―尾形光琳―酒井抱一―鈴木其一と続く系譜です。

専門家によると、琳派の研究が進んだのは戦後のことで、フェノロサが日本にいた頃は琳派という名称もなかった時代ですが、彼はその良さを見抜いていました。ここでは国宝《燕子花図屏風》で有名な尾形光琳を絶賛した一文を引きます。

「日本には、光琳の屏風が多い。なかでも最高の傑作は金地著色燕子花図で、一八八二年（明治十五年）、美術倶楽部の第一回展示会が催されたとき、西本願寺から出品されたものである。井上伯（引用者注・美術蒐集家としても有名な明治の元勲・井上馨のこと）はその書斎の内部四周を光琳の燕子花の連続する図案で装飾している」

「光琳筆で世界的にみても傑作といえるのは、一八八〇年、さる大名家より私が譲りうけた、ボストン美術館蔵、波濤図を描いた六曲屏風である。この図では、赤銅色や、苔むす石のような青や緑の色で曲線を描く巨巌が、金色やクリーム色の沸《たぎ》るような海中から突き出ており、固形の白い絵具が飛び散っているのは水泡であろう。波の実体はホメロスの詩に謳われる海のように、葡萄色の調子を帯びているが、それは金線や灰色の線が温かい感じの黄紙に描かれているからである。帯状に拡がる金砂子の雲霧が左手から画中に拡がってくる。これは光琳派を通じて印象主義の最大の傑作の一つである」

世界に類をみない作品に、フェノロサがとても魅了されている様子がわかります。

「ヨーロッパの著述家は北斎を日本最大の芸術家として称揚し、彼に対してあらゆる賛辞を惜しまない」

ところで、外務省は令和二年二月からパスポートのデザインを一新しました。その新しいデザインに採用されたのが、江戸時代に活躍した浮世絵の超有名な絵師、葛飾北斎の代表作《冨嶽三十六景》です。山肌が赤く染まった巨大な富士山を描いた《凱風快晴》や富士山に降りかかるかのような大胆な構図で大波を描いた《神奈川沖浪裏》など、ページごとに異なる図柄を取り入れ、十年用パスポートには二十四作品、五年用には十六作品が登場します。これからは浮世絵のあるパスポートを開けば、各国の税関は一目で日本人だと認識することでしょう。

北斎は今日では世界的に有名な絵師ですが、フェノロサがいた頃のヨーロッパではどのくらい知名度があったのでしょうか。そして、北斎について彼はどう感じていたのでしょうか。

「ヨーロッパの著述家は北斎を日本最大の芸術家として称揚し、彼に対してあらゆる賛辞を惜しまない。彼の版本は多量に出廻っていて廉価なため、海外で彼の名は最もよく知られている。……数千におよぶ肉筆画や一枚摺の作品も彼の描筆から生れている。しばしば、他人の情調からヒントを得ることはあっても、彼はいつも独創的で、ほかの人とは違っていた。サムライの世界では、誰も彼の名を知るものはいなかった。彼の浮世絵を愛したのは町人であり、それも下層の人びとであった。彼は偉大な通俗芸術家であると同時に、その逞しい変化に富む活力を用いて、新しい生命に目覚めた芸術の使徒となった」

北斎は当時のヨーロッパでもかなり有名だったことがわかります。浮世絵が下層の庶民文化の中から生まれたにもかかわらず、それが芸術レベルの高さであるとフェノロサが驚いていることにも注目です。また、北斎の画風についても紹介しています。

「北斎の一派は、日本の画壇のなかでも、自然を写実的に描くことをしない唯一の門流である。われわれは若い時から彼の版本を見馴れているために、日本を、北斎の描く、奇異な世界の一角であるかのように思いこんでいるのだが、事実は決してそうではない。それは彼自身の想像力の所産であって、北斎流に翻案された世界なのである。だが、この翻案は、その線が、その量感が、その彩色が優れて美しいのである。……葛飾北斎は図案家《デザイナー》として偉大であった。彼は日本のディケンズと呼ばれている。しかし、一個人の氏名や単なる類比で、彼の多面的な才能を特徴づけることはできないであろう」

北斎はフェノロサが認めた世界最高級のデザイナーと言えるかもしれません。

「北斎と広重、この二人の卓越した風景画家の出現」

そして、もう一人の天才、安藤（歌川）広重については、どう見ていたのでしょうか。広重と言えば、われわれに馴染みが深いのが、《東海道五十三次》です。私が子供の頃、よく永谷園のお茶漬けの付録にこのシリーズのカードが入っていて、楽しみに見たものです。二〇一六年にこのカードが復活し、お茶の間で話題になりました。

さて、現代のわれわれにとっても馴染みの深い広重の作品について、フェノロサは北斎と比較しつつこう記しています。

「われわれが彼をもって、浮世絵の第一人者として推さなければならないのは、彼がすぐれた風景画家だからである。北斎と広重、この二人の卓越した風景画家の出現をみたればこそ、一八三〇年から一八四〇年までの一〇年間（天保元年―天保一一年）を、すでに下り坂にかかるとはいえ、やはり、浮世絵の美的頂点の一つとみなさなければならない。しかし北斎の多芸に較べれば、広重の方が風景画一筋に打ちこんでおり、自然を写実的に描いている点で、さらに一段と大きな成功を収めていた。伝統的な線描や濃淡の枠を個人的な癖で逸脱することなく、彼は祖国日本の自然の景色を、単純で均斉のとれた、僅かばかりの色調に写しとっただけなのである」

北斎と比べて、風景画に特化したことで、広重の画風が大成していったことに注目していますす。そして、その画風についても、広重の技術の高さが窺える最高の賛辞を送っています。

「天空は淡白な青、水はもっと深い青、草木は明るい緑、樹木の幹や家屋は木調色、点景として添える行人の衣服の色の明るい閃きは小さな斑点で表現される。彼の印象は事実に忠実なので、その後六〇年の変遷を経た今日（明治末年）でも、それぞれの風景のあらましの地形を、それと確認できるほどだ。彼は断乎として平板な色彩を斥《しりぞ》ける。彼は木板のうえに幅広い塗色を試み、それを濃より淡に、淡より濃に推移させる術《すべ》を心得ていた」

さらにこんな評価もしています。

「夜景を描かせれば、ホイスラーを除いて、彼に匹敵する者はいない。周知のように、ホイスラーは、その夜曲《ノクターン》的印象を広重の示唆に基づいて展開している。月夜の景色、雪景色、霧や雨の景色などそれぞれの雰囲気において、ギリシャ美術や近代ヨーロッパ美術などの、かつて思いおよばなかったさまざまの情趣を、広重は描出し得たのである。彼はクロード・モネ以前の、最大の印象派画家であった」

先述したように、フェノロサは法隆寺の夢殿観音のように長年秘仏として扱われていた「信仰」の対象である仏像などを、「物」として見て調査しました。それは、当時の日本人から見て、信仰に対する冒瀆行為であったと思います。

しかしながら、彼の功績は日本人がその美術的価値に気がつかず、文明開化の流れの中で大量の仏像や絵画などを廃棄し、海外に流出させてしまった無惨な状況に対して、彼が逆に日本文化の価値を日本人に気付かせたことにあります。

日本には世界的価値のある芸術が沢山残っています。その本当の価値を私たちの世代は果たして理解することができているのかどうか、これを機会に考えてみてはいかがでしょうか。

19

「ミカドは将軍たちの政治的努力がたしかに軽減させたとはいえけっして消滅させることのできなかった淵源の深い宗教的な威光を昔も今ももちつづけてきた」

オットマール・フォン・モール（一八四六〜一九二二）　プロイセン王国元侍従。明治二十（一八八七）年、日本政府により宮内省顧問として招聘され、宮中儀礼や諸制度の改革案に携わった。明治憲法の発布式を終えた二十二年に帰国。著書『ドイツ貴族の明治宮廷記』金森誠也訳、新人物往来社、一九八八年

オットマール・フォン・モールは、ドイツ貴族でプロイセン王国の元侍従です。『ドイツ貴族の明治宮廷記』は、モールが来日した明治二十（一八八七）年四月から明治二十二（一八八九）年三月までの二年間、明治の宮中に勤務した記録として一九〇四年に出版されました。

当時の日本の最大の外交問題は、幕末に徳川幕府が西洋諸国と結んだ不平等な修好条約の改正であり、明治政府はその実現のために、西洋諸国と肩を並べる国を目指し、工業技術分野などの知見を持つ外国人を少なくとも延べ三千人雇い、急速な近代化政策を推進していました。

そうした中、モールは、明治政府が国家モデルの一つとしていたプロイセン王国より、西洋の宮廷儀礼の指南役として来日します。彼は、宮内大臣伊藤博文の断固たる近代化政策の下、宮廷での饗宴の配膳方法から宮中の服制、勲章佩用方に至るまで、こと細かく指導しました。ただし、モール自身は西洋の慣行や儀礼を至上のものとして未開の日本人に教えようとしたのではなく、あくまでも明治政府の方針に従って自らの任務に臨みました。

例えば、彼は、宮中の女官の服装が伝統的な歴史ゆかしい和装であることを高く評価していましたし、西洋の宮廷では民族衣装を使用している国が多々ありました。それが近代化政策によりサル真似の洋装に改められたことを残念に思い、伊藤宮内大臣に対して「古式に戻すべきだ」と主張したほどです。

それに対し、伊藤は「決定済みの事柄である」と却下したため、以後彼はその方針に従い自らの職責を全うしようと努めます。

こうして宮廷の近代化の仕事に従事することになったモールですが、果たして彼の努力は報われたのでしょうか。

「宮中全員にとって皇后美子は、共感を呼ぶだれからも尊敬される女主人であられた」

この頃、西洋の上流社会では、社交というものが重視され、王侯貴族や政府要人、各国の使節、外交官らが交際を深める場として舞踏会のようなパーティーが日常的に開かれていました。

しかし、当時の日本にはそのような慣習は存在しませんでした。それゆえ日本が西洋社会と変わらないことを示すため、鹿鳴館を造って舞踏会が開かれました。また、宮中でも舞踏会や観菊会を開くようになったのです。

とはいえ、これらは日本人にとっては初めてのことばかり。当然のことながら上手くいかないことも多々ありました。

例えば、天皇誕生日に開かれた宮中での舞踏会に、外国公使を始め日本の政府高官など多くの人々が招かれた時のこと。冬場でも豪華な花々に彩られた見事な洋館とは裏腹に、通された大広間には暖房の用意がなく、特に洋装の婦人たちが風邪をひいてしまうということがありました。

また、宮中で開かれた観菊会において、宮中庭師がとても丹念に育てた菊の花があふれる御苑の様子に「生涯忘れることの出来ないような素晴らしい光景」と、モールが評価する一面もありましたが、主催者である明治天皇が、公使や夫人たちと歓談されたのみで、代理公使たちとは一言も言葉を交わされなかったことに、ポルトガル代理公使夫人が激怒したということもありました。

こうした試行錯誤の中、モールはテーブルマナーから宮中制度に至るまで、皇族や宮中の侍従たちにも、まさに手取り足取り指導します。

その中で、自らが模範となり西洋儀礼の習得に努められたのが、他でもない明治の皇后陛下（皇后美子さま、昭憲皇太后）です。モールはそのお人柄に、とても感銘を受けています。

「皇后はこよない愛想のよさを高い知性と結びつけられており、皇后すなわち女性の支配者の名のとおり宮中のたましいである。小柄で華奢ながら皇后としての威厳に欠けるところは全くない。純粋に和風の皇后のご教養のほどはおそらくすばらしいものがあろう。おひまなとき皇后は、詩歌、芸術、それに植物のご研究に励んでおられる」

「宮中全員にとって皇后美子は、共感を呼ぶだれからも尊敬される女主人であられた。才能が豊かで野心的、精力的な日本国民の宗教、世俗の両面での首長という難しい任務をかかえられている天皇にとっても、皇后はきわめて価値のある支柱であられた」

そして、彼は皇后の西洋儀礼を習得しようとする前向きな姿勢に、敬意を表しています。

「明治維新以来、王妃たちも洋風に交際する義務を負うようになった。したがって、洋風に王侯の職務を果たすことを感受性の強いいまの皇后は熱心に望まれた。ドイツ帝国皇后兼プロイセン王国王妃アウヴスタの実例が、日本の皇后にとっても模範となった。国民教育制度への関与、病人の看護、日本赤十字会長の座につくこと、外交団ならびにしきりに東京の宮中を来訪するようになった外国の王侯たちの応接、それに時代の精神的なすべての動きに関心をよせることなどが日常のご生活の中で皇后がもっとも心にかけられたことがらであった。皇后がぜひ知りたいと願われたのはこうした王妃としてのお仕事であった」

こうした中、女性の洋装化も明治十九年に始まりました。まず皇后が範を示され、その影響を受け、宮廷に関わる女性たちの洋装化は急速に進んで行きます。

さらには、こうした皇后のご努力の成果は、とりわけ当時病気がちであった天皇の代理として、海軍造船所での進水式など様々な場にお出ましになり、列国との友好親善に努められることにも活かされます。このような地道な努力を積み重ねることで、宮中には徐々に西洋の宮廷儀礼が定着していくようになるのです。

先代の皇后陛下（上皇后陛下美智子さま）は、平成十四年のお誕生日に際して、次のように述べられています。

「皇后の役割の変化ということが折々に言われますが、私はその都度、明治の開国期に、激しい時代の変化の中で、皇后としての役割をお果たしになった昭憲《しょうけん》皇太后のお上を思わずにはいられません。

ご服装も、それまでの五《いつ》つ衣《ぎぬ》や袿袴《けいこ》に、皇室史上初めて西欧の正装が加えられ、宝冠を着け、お靴を召されました。そのどちらのご服装の時にも、毅然としてお美しいことに胸を打たれます。外国人との交際も、それまでの皇室に前例のないことでした」

「国家の元首の宗教的性格つまりミカドが最高の神主である」

繰り返しになりますが、フォン・モールは西洋の慣行や儀礼を至上として未開の日本人に教えようとしたのではなく、あくまでも明治政府の方針に従って宮廷の近代化に努めました。

彼は「まるで絵のように美しい宮廷衣装」と表現したほど、日本の宮廷で継承されてきた文化や風習などを高く評価し、特に宮廷で間近で接する天皇という御存在について、深い敬意を持ってそのお立場を理解しようとしました。以下は、フォン・モールの天皇観がよくわかる記述です。

「日本の国家事情をよく知らないヨーロッパ人が、将軍をさして世俗的皇帝あるいは大君といったが、その表現はまったくまちがっている。日本全体の合法的支配者は、たとえ影の皇帝であろうとも、京都に住まわれる天皇であった。天皇は二五〇〇年以上つづいた王朝の子孫、神々の息子であり、いわばローマ教皇と世俗的皇帝を一身の中に具現していた。京都の宮廷をめぐる深刻な内部的な危機が発生し、江戸幕府を転覆しようとする内乱が起ころうとしたとき、大名たちは将軍ではなくして天皇の周辺に結集した。そこで、徳川将軍の巨大な権力機構すなわち全国の財政的な力によって支えられてきた幕府の支配はまるでカルタでつくった家のように崩壊した」

「数百年間、天皇の宮廷は政治とは無関係にまるで後宮のようにひたすら祖先の礼拝、美術、詩歌、絵画、それに音楽の育成のために生活してきた……京都の宮廷の平穏な生活は一八六八年までつづいた。しかし民衆は不可視のミカドを日本の合法的支配者とみなすことをやめなかった。ミカドは将軍たちの政治的努力がたしかに軽減させたとはいえけっして消滅させることのできなかった淵源の深い宗教的な威光を昔も今ももちつづけてきた」

江戸時代は、徳川将軍家が実権を握っていて、天皇はただの飾り物だったとよく言われますが、外国人の方が日本の統治構造について、よく理解していたのではないでしょうか。

フォン・モールはまた、天皇の御存在はなぜ尊いのかということについても触れています。

「国家の元首の宗教的性格つまりミカドが最高の神主であることは、これらすべてによってはっきりと示された。その間の事情は宮中における天皇のお住居が、日本の祖先崇拝の場所である国でもっとも古い神社のように単純、簡素な洋式でつくられていることにも表れている」

「皇祖皇宗の多くの誕生日、それに命日には、やはり天皇御自ら祈禱される祭儀が行われた。そこでかつて京都の朝廷が毎日、宗教的な行事に忙殺され政治的性格の他の業務に携わる余裕はなく、これらは一切将軍に委ねられた事情がよくわかる」

自然の恵みを得ることで生活を安定させてきた人々にとって、日本国民の祖先である神々への祈りはとても重要なものでした。天皇は祭主として、国民の安寧をひたすらに祈り続けることに集中していたが故に、非常に尊い御存在になられたと、彼は感じたのではないでしょうか。

「参列した日本の臣民たちは一人一人歩を進め、もっとも神聖な社の前で祈禱すべく深々と頭をさげた」

ところで、天皇が行う祭祀の中で、最も重要とされるお祭りの一つに、新嘗祭があります。毎年十一月二十三日、宮中の神嘉殿において、天皇が天神地祇にお米をはじめとする五穀の新穀を捧げ、御自らも食し、その年の収穫に感謝し、神の御霊を身に体して生命を養うという祭りです。ちなみに、天皇の即位の後に、最初に行われる新嘗祭を大嘗祭と呼びます。ですので、令和元年十一月二十三日に行われたのは大嘗祭になります。

さて、フォン・モールは、明治の時代に行われていた新嘗祭について、宮廷に出入りしていた彼ならではの目で、詳しくその様子を記述しています。宮中の新嘗祭に関する情報は限られているので、貴重な記録といえます。

「木造の神殿を取り巻く四本のきらめく燭台の火によって側方から照らされている芝生の上で、宮廷音楽師たちは、いずれも古式ゆかしい色彩豊かな衣装に身をかため、あるときはするどい音、またあるときは太鼓をたたくような鈍い音を奇妙に長々と演奏していた。色とりどりの絹の上着、ひだの多いあざやかな赤い袴をはいた宮中の女召使や神殿の巫女たちは、白木の器の中に、米をはじめ祭儀の供物に定められた食品を入れ、わたしたち部外者にはけっしてうかがい知ることのできない神殿内部に運んでいった。月光の下、そそり立つ神殿の屋根は芝生の上に影を落としていた。きらめく燭台の前には神殿の従者が身動きひとつせずしゃがみこみ、その火が絶えないようにつとめていた。彼らはいずれも純白の衣服をまとっており、全員十分交代で勤務することになっていた。後方に陣取る楽師や宮中の従者の華麗な衣装は神秘的な印象を与えた。わたしは思わず日本の奇妙な屏風の絵を想起した。こうした絵はしばらく凝視したあとやっとその真意を理解できるようになるのだ。神殿の扉の前のカーテンがいくらか掲げられるまで広い歩廊の中にいた高位高官ら招待客は立ちずめであった。参列した日本の臣民たちは一人一人歩を進め、もっとも神聖な社の前で祈禱すべく深々と頭をさげた」

まるで絵巻物を広げるかのような流れる文章で、森厳な雰囲気の中で行われる祭典の様子を、美しく書き留めています。

歴史的に日本人の生活基盤は、農業や漁業、林業など、自然の恵みに直結したものでした。その恵みを安定的に得るため、また自然のなす業である災害から守るため、宮中をはじめ全国の神社で行われる祭りは最も重要な伝統行事でした。

昨今は、日本各地が被災地と思えるほど、台風や地震などの大きな災害に見舞われておりますが、人間は自然の一部であるということを忘れ、自然資源を必要以上に得ることをした結果、自然のしっぺ返しとも言うべき大きな災害に見舞われているようにも思えます。

私たちは、もう一度日本人が大切にしてきた自然との共生という智慧に思いを致し、人間のあり方の改善を図るべきではないでしょうか。

「天皇は玉座から高いはっきりとしたお声で、日本国民に憲法を与える宣言を朗読された」

宮中において、近代化への道のりが困難を極めたことはこれまでも触れましたが、フォン・モールの献身的な尽力と皇后陛下をはじめ宮中の関係者の努力の甲斐あって、徐々にその成果が見られるようになっていきます。

彼が帰国する一カ月前、憲法発布記念式典と最初の帝国議会開催式典が行われました。当初、宮内省では、式典の開催は建設中の仮議事堂で行うか、それとも新宮殿の玉座のある広間で行うべきか二つの意見が対立していました。天皇の尊厳性を理解していたフォン・モールは、こう意見します。

「憲法発布と帝国議会の開催はなんとしても宮殿で行われるべきで、仮議事堂などでおこなってはならない」

そして、実際に彼の意見が採用され、式典計画作りも彼に委ねられることになります。明治二十二（一八八九）年二月十一日、神武天皇即位の日であり日本国の建国の日に、日本の高位高官や国会議員をはじめ、多くの外交団が参列する中、式典が開催されました。その時の様子を彼はこう記述しています。

「祝典は皇居御苑内の皇祖皇宗を祀る神社における神式の礼拝で始まった。今回も天皇は恒例により側近の人々とともにすっかり白装束に身をかためられ、憲法遵守をお誓いになり、新しい国の憲法に皇祖皇宗が祝福されることをお求めになった。天皇はそのご、洋式の軍服を召され、宮中の人々とともにいかめしい行列をつくり、今回の目的のためにつくられたきらびやかな玉座の間に入られた。広間にはすでに玉座の右側に皇后と内親王、そして左側に親王と外国外交団の面々が整列していた。天皇は玉座から高いはっきりとしたお声で、日本国民に憲法を与える宣言を朗読された」

少し補足しますと、ここに書かれている神社とは、宮中三殿のことで、明治天皇は皇祖神である天照大御神を祀る賢所で憲法制定を奉告。続いて皇霊殿では御告文を奏され、歴代天皇に奉告なされたのです。

この式典に引き続いて晩餐会が行われました。それに関するフォン・モールの記録を読みますと、宮中の接遇体制は彼が赴任してきた頃とは全く変化していることがわかります。

「宴会場では天皇ご夫妻とともに一二〇人が会食した。その他の二八〇人の招待客は四つの広間に分散したが、そのさい、この四つの宴会場では、いずれも親王が主宰され、きわめて上品な方式で食事の開始にあたり、天皇に代わって賓客にあいさつされた。親王の方々はさらに天皇は四〇〇人にのぼるすべての賓客をご自身のテーブルで接待できないのを遺憾とされており、賓客が今座っているテーブルが実は天皇ご自身のテーブルの延長と思ってほしいと願われたことを付け加えた。この真に日本的な礼儀正しい呼びかけが、招待客にきわめてよい印象を与え、賓客たちのあるいは予想されたとげとげしい気分を和らげたことは否定できない」

さらには、晩餐会のあと、宮中音楽堂で天皇皇后両陛下主催の懇親会も開かれました。

「天皇はあちこちへ歩かれ、皇后はずっとソファーにお座りになったままだったが、お二人は愛想よく賓客たちとお言葉を交わされた。午後九時、玉座の間できわめて興味深い太古から伝わる宮中雅楽の演奏があった。天皇ご夫妻のために特別の観覧席が設けられた。天皇と同じように皇后は外国外交団の面々にあいさつされた。……今回の上演が大成功であっただけに、わたしとしては自分が宮中の雅楽、舞楽の保存育成のために努力してきたのをひそかに喜んだ」

明治天皇はこの頃には西洋式の宮廷儀礼を十分に理解され、会に集まった人たちと気さくに立ち振る舞われるようになっていたことがわかります。

一方、フォン・モールは、こうした宮中近代化の流れの中においても、日本国の価値を理解していたからこそ、長年大切にしてきた伝統を守ろうともしました。そんな彼の気持ちが次の記述にあふれています。

「わたしが執務していた皇居からは、古い日本の環境が生み出すあらゆる種類の魔力が流出していた。そのためこうしたすべての魅力が近代的な西洋の諸制度の導入によって失われねばならないことについて、私の遺憾の念がますます高められた。わたしの二つの感情が心の中で対立していた。一方には、まるで絵のように魅力的な数千年の歴史をもつ古式ゆかしい風俗、習慣を擁したきわめて美しく芸術的に完成された旧日本がある。他方には、外国との交流において必要な限り、こうした風俗習慣を廃止するか、あるいは近代化しなければならない必然性がある」

諸外国から良き文化や技術を学んでも、国の基を大切にしていくことが肝要であることを彼は理解していました。

「日本を訪れるすべての外国人に霊峰富士に巡礼するようすすめるべきだろう」

ところで、とても多忙な二年間を過ごしたフォン・モールですが、公務の合間を見つけては、箱根や日光、奈良や京都など、日本国内の旅をしています。今でこそたくさんの外国人観光客が日本に来ていますが、彼はまるでトリップアドバイザーのように、日本の魅力を紹介しています。ごく一例ですが、最後に引いておきます。

「鎌倉とその近くにある聖なる島、江ノ島へ出かけた。海岸近くにある江ノ島は、島全体が神社の森となっており、多くの朱塗りの鳥居が立ち、見事な古木の木陰には巡礼の休憩所があり、さらにここからは海洋や富士山のすばらしい眺めがたのしめた。なんとしてもこのあたりは東京から近く、しかも付近の宿泊施設が整っているので、日本滞在のさいの魅力の一つとなっている」

「箱根の山山の険しい斜面を下りると、ふもとには平原が広がっているが、その彼方に日本のモンブランというべき富士山の雄姿がそびえ立っている」

「富士登山はたしかにたいへんだが、婦人も試みている。肉体的に可能ならば、日本を訪れるすべての外国人に霊峰富士に巡礼するようすすめるべきだろう」

日本を愛し、日本の魅力に取りつかれたフォン・モール。彼の残した功績は、日本人に日本の魅力を気付かせるきっかけにもなったのではないでしょうか。

20

「とにかく日本の素晴らしさを味わうために アジア大陸の果てへ 足を延ばして、この島国へ やってくるべきです」

エリザ・R・シドモア（一八五六～一九二八） アメリカの紀行作家。日本で暮らした経験から、米国ワシントン市ポトマック河畔に桜の名所を作ることを提案。タフト大統領夫人の賛同を得たことを機に、後の明治四十五（一九一二）年、東京市から米国に桜の苗木三千本がおくられた。「津波」という言葉を初めて西洋に伝えたことでも知られる。著書『シドモア日本紀行　明治の人力車ツアー』外崎克久訳、講談社学術文庫、二〇〇二年

アメリカの紀行作家エリザ・R・シドモアは、女性として初めて米国立地理学協会の理事を務め、東洋研究の第一人者として活躍しました。日本に初めて来たのは、明治十七（一八八四）年のことで、以後、日本の魅力に取りつかれた彼女は、何度も日本を訪れています。

この時代に日本に来た多くの外国人は、日本を見下すような態度でした。しかし、『シドモア日本紀行』の訳者の外崎克久氏によると、シドモアはそうではなく、キリスト教文化圏の優位性を少しも強調していないのが特徴と指摘しています。

「日本は他の連合国以上に熱く卓抜した愛国心をもって、存分に能力を発揮した」

そのことを示す明治日本の様子を記した彼女の一文があります。

「初版が刊行されて以来、不平等条約は改正され、治外法権や旅券制度が廃止され、さらに保護関税〔関税定率法〕も実施されるようになりました。鉄道は日光や奈良の奥まで延び、本土縦断の線路も倍となり、外人専用ホテルが港や山の保養地にたくさん増えました。ガイド・ブックは現代風となって、いろいろ比較ができて面白くなり、しかも日本をテーマとする学術文献が降雨後の竹の子のように増えています。

銀価格の低下、金本位の採用、観光旅行団の増加は、日本国民の家計費や工芸製品のコストを倍以上に釣り上げています。それにもかかわらず、日本は再度、中国大陸へ遠征軍を派遣して勝利しました。しかも、北京での各国公使館救援と占領作戦〔北清事変〕（引用者注・一九〇〇年）は、武勇、規律、装備、敗者への人道的処遇の点で、日本の軍隊が最も統制されていることを国際的に証明しました。日本は他の連合国以上に熱く卓抜した愛国心をもって、存分に能力を発揮したのです」

本書の初版刊行は、明治二十四（一八九一）年のことで、ニューヨークとロンドンで出版され、明治三十七（一九〇四）年に再版されています。この一文は北清事変について触れているので再版の際に加筆されたものです。

彼女は本書の他にも『ジャワ・東洋の庭園』『チャイナ・老大帝国』など東洋諸国に関する多くの本や論文を発表しています。日本に関するものでも、『ハーグ条約の命ずる如くに——日本でのロシア軍人捕虜の妻の日記』を出版し、日露戦争下のロシア軍人捕虜が、日本人から冷遇されるどころか、逆に手厚い待遇を受けた事実を紹介し、日本人の懐の深さを浮き彫りにしました。

「この国の群衆は何千人集まっても、爆弾を投げたり、パンや資産の分配で暴動を起こすことはありません。ひたすら桜を愛で賛美し、歌に表すだけが目的なのです」

シドモアは日本の桜をこよなく愛した人でもありました。ワシントンDCのポトマック河畔にある約三千本の桜は、彼女の提案から始まり、日本の桜を植樹したものです。明治四十二年、タフト米大統領夫人の仲介で二千本の桜の寄贈が実現しますが、残念ながら病害や検疫で全て焼却になりました。その後、尾崎行雄東京市長が尽力し、明治四十五年、選りすぐりの桜の苗木三千本がワシントンに植樹されました。現在では日米親善を祝う「ワシントン桜まつり」が毎春盛大に催され、日米のさくらの女王のパレードには七十万人もの観光客が集まるほどです。

そんな桜好きのシドモアが見た日本を見ていきましょう。

「偏屈なグラッドグラインド〔ディケンズ著『ハード・タイムス』の登場人物、冷酷かつ打算的な製粉工場主〕のような人間でも、日本の春の詩的魅力に無関心のままではいられません。また、『どこでサクラの蕾が膨らみ、匂い、開花を始めるのか』は大きな公共的関心事で、国内の日刊紙は毎日桜の名所先から至急電を報じます。東京の桜祭りは梅祭りよりも華美で、驚嘆すべきこの植物は、光り輝く群衆の衣装以上に豪華絢爛です」

「開花シーズン中、桜や景観への先天的情熱は皇族、詩人、農民、商人、さらに労働者にも隔てなく取り付きます。ぼろをまとった乞食はお伽の国の花にうっとり見とれ、皇族や大臣は桜の名所へ急遽向かいます。官報は三条実美卿や伊藤博文公が三日間の花見旅行のため奈良や京都を訪れるとの情報を詳細に発表します。まるでビスマルク〔ドイツの宰相〕やグラッドストン〔英国の首相〕が国事を中断し、遠くバラの博覧会へ巡礼を企てるかのようです」

現在でも、桜の開花宣言に向けて、気象庁の職員が毎日のように東京の標準木のある靖國神社に向かい、その様子を多くのメディアが報道しますが、明治の頃も一緒だったことがわかります。

また、東京・向島のお花見の様子も紹介しています。

「向島のカーニバルは、まさに古代ヨーロッパの農神祭です。この春の酒宴は、審美的日本人と古代ローマ人との間に大きな類似点を見せ、向島の愛らしい山水庭園を覗けば、花冠の酒神バッカスに出くわすこと請け合いです。男たちは盃や瓢箪を手にし、サチュロス〔ギリシャ神話の野山の精、道化者〕のごとく踊ったり、片手を上げて演説したり、一人残らず天性の役者、雄弁家、パントマイム舞踊家に変貌します」

宴会芸とでも言うのでしょうか、とても多才で陽気な日本人の様子が伝わってきます。さらに、東京・上野のお花見についても興味深いことを書いています。

「見事な桜の下の茶屋のベンチはみな塞がり、庶民は昼食、正餐、夕食をとります。たとえ惜しげなく酒が出されても乱れることはなく、ちょっぴり赤くなって幸せになり、少々多弁になるだけです。ツァー〔ロシア皇帝〕やカイゼル〔ドイツ皇帝〕は、ここ東洋の統治者をさぞかし羨ましく思うことでしょう。この国の群衆は何千人集まっても、爆弾を投げたり、パンや資産の分配で暴動を起こすことはありません。ひたすら桜を愛で賛美し、歌に表すだけが目的なのです」

〝日本人は桜が好き〟というのは昔から変わらないようですが、シドモアは桜を通じて日本人の心を推し量ろうとしたように、私には感じます。長く寒い冬を乗り越えて、温かい春を迎えた喜び。刹那に散り行く桜の花びら。それを人生に例え、愛でるからこそ、その一瞬を大切に、そして楽しむことができる。そんな日本人の人生観を彼女は悟っていたに違いありません。

また、シドモアは、日本人の国民性は、自然を愛する心から育まれると捉えています。

「わが母国のレーニア山〔ワシントン州中西部の高峰・タコマ富士〕も万年雪に覆われ、斜面の森林がピュージェット湾内に濃い緑の影を落とし、昔も今も変わらぬ愛すべき山です。しかし、私たち米国人がこのような壮麗な山、雪、岩、森を持っていても、日本のように詩歌を好み自然を愛する国民を持ち合わせていません。夢と伝説の輝きに包まれ、あらゆる人に親しまれ心を和ませ、もう一つの富士を創造してきた日本民族の教養と伝統を、残念ながら私どもは育んできませんでした」

さらに、日本人の国民性についてシドモアが特に挙げているのが、盗みをしないことです。

「私たちの泊まっている小さな家の仕切りの薄っぺらさは、濠に囲まれた敷地の無意味な城壁や城門と同様、盗人を誘惑しているように見えましたが、この理想郷には泥棒はいません。住居は広く雨戸を開け、何時間もそのままです。少なくとも好奇心で手に触れる光景は無数にありますが、それで不安になったり、物が紛失したことはありません。どの部屋の襖にも鍵をかける設備はなく、どんな盗賊に対しても雨戸を頑丈に作ることはしませんし、またそんな防犯の必要性も感じません。これは国民性を考える上で大きな参考になります」

「行列が通り過ぎたとき、一軒家から若い娘が走り出て死体に莫蓙をかけました」

では、そんな理想郷を育んできた日本国民とは、具体的にどんな人たちだったのか。他にもたくさんのエピソードがあります。

「明治維新後、多くのサムライ（武士階級）は余儀なく家事関連の雑役に従事しました。私の泊まっているホテル〔クラブ・ホテル（横浜海岸通り）〕にもサムライがいて、箒や塵取りを手にし、横浜の同業組合の制服である濃紺のタイツ、すべすべしたチョッキ、短いシャツを着ていますが、風貌はローマ帝国の元老院議員そのものです。

帝から園遊会の招待状が届いたとき、このローマ帝国の臣民タツ〔辰？〕に翻訳を頼みました。彼はそれを恭しくお辞儀して受け取り、何度も息を吸い込み、独り言で数行つぶやいてから、おもむろに〔水曜日午後三時、朕は貴女との会見を望む〕と訳しました」

ホテルのお掃除係がローマ帝国元老院議員の風貌で、手紙を英語に訳すことができるなんて！ と、彼女は驚きを隠しません。

それにしても、タツの独り言のつぶやきとは何だったのでしょうか。明治天皇のお言葉を代弁することへの畏れ多い気持ちをつぶやいたのかもしれません。

彼女はこの掃除係についてさらに続けます。

「ある日、骨董商が磁器を置いていったとき、こういった買い物に鑑識眼のあるタツは、いつものごとく私の都合を見計らって、自分の役目を果たすかのように片言英語で、ゆっくりこの古い器を解説し、マークや品質、さらに特別な実例として青磁、白磁の所見を述べました。彼は刺繍工芸や絵画にもよく通じ、しかも日本の警句や寓話の生き字引です。おまけに朝鮮靴一足から古代日本と朝鮮の関係、同時代の歴史概要まで講義してくれたこともあります」

明治になって庶民と同様の職業に就いた武士が、身分を失ったとはいえ、どんな仕事に対しても誇りを持って務めたこと、親切丁寧で且つ幅広い教養も備えていたことに、もはや彼女は驚きを超え、尊敬の念すら抱いています。

一方、武士だけでなく、一般庶民についても、シドモアは興味深いエピソードを書き残しています。文久二（一八六二）年、薩摩藩の島津久光公の行列を横切ったリチャードソンというイギリス商人の一行が、非礼だとして斬られる事件が起こりました。いわゆる生麦事件です。この時、一行の多くは逃走し、リチャードソンはその場で絶命。その遺体に駆け寄ったという一人の若い娘の話です。

「行列が通り過ぎたとき、一軒家から若い娘が走り出て死体に莫蓙をかけました。さらに夜間自分の家に運んで弔い、友人らが引き取りにくるまで隠していました。日本文字で追悼文の刻まれた石碑が、リチャードソンが倒れた地点に立てられています。事件以来、親切な黒い瞳の娘スーサン〔鈴さん？〕の茶店は、外人たちのお気に入りの名所となり、彼らは乗馬や馬車でやってきました……リチャードソン殺害事件は、鹿児島砲撃と賠償金一二万五〇〇〇ポンドという報復を招きましたが、彼女は賠償金から分け前をもらうことはありませんでした」

慈悲深く、分け前のお金を決して受け取らない高潔さ。これは日本人としては当たり前のことでした。

またこれも外国人の弔いの話ですが、明治三（一八七〇）年、江戸湾口近くで米国軍艦オニーダ号が英国船と衝突し、沈没。多くの犠牲者を出したにもかかわらず、その犠牲者の処理をアメリカはやらずに、日本人の漁師などが行った話です。

「日本の作業員は軍艦の残骸の中に、たくさんの水死した乗組員の遺体を発見しました。仕事が完全に終了すると、なんと彼らは自主カンパで池上〔本門寺〕境内に追悼記念碑を建てたのです！」

さらに、明治二十二（一八八九）年五月には、ここで仏教儀式の施餓鬼が執り行われました。シドモアは「聖典が読まれ、聖歌が詠唱され、スートラ〔お経〕が繰り返され、線香がたかれ」などと、何度も懇ろにお弔いが繰り返される様子を詳細に記した上で、こう述べています。

「どんな国も、どんな宗教もこれに勝る経験をさせてくれたセレモニーは、ほかにはありません。この勤勉な日本の仲間、漁民や作業員の示した敬虔な行為、慈愛、雅量、そして物惜しみない姿を米国人は深く心に刻むべきです〔池上本門寺の大堂正面右手に大きな英文石碑が現存〕」

これらのエピソードにも象徴されるように、日本人にとってはごく当たり前の慈悲深さは、世界では必ずしもそうではなかったようです。

シドモアが日本人の国民性を深く愛した理由が、よくわかるお話ではないでしょうか。

「生活や環境に関する徹底した衛生観念は、裕福な家庭と同様、貧しい家庭の習い性」

ここ数年、世界は新型コロナウイルス感染症による災禍に悩まされましたが、シドモアの記録に感染防止対策のヒントを見つけました。

「日本の貧しい家庭は窮乏状態ですが、世界のどこの文明人よりも慎ましい財産から、多くの娯楽を引き出し享受しております。木綿着をほとんどオール・シーズン着こみ、冬の寒風が剥き出しの手足を刺し、厚みのない着物を突き通します。さらに夏の猛暑が身を責めますが、彼らは禁欲的おおらかさで過酷な環境に堪え、素晴らしい春と秋を謳歌します。茅葺き屋根、畳、わずかな綿詰め布団、のそれぞれが、労働者階級の雨宿り、敷物備品、寝床として使われ、食事の献立は米、粟、魚、海藻で構成されます……しかも、生活や環境に関する徹底した衛生観念は、裕福な家庭と同様、貧しい家庭の習い性となっています」

日本人が清潔であることは、シドモアだけでなく、多くの外国人も語っています。明治の時代でも、どんなに貧しかろうが、どの家庭でも清潔を保っていたことがわかります。

これは今も同じです。日本は先進国の中で比較しても、著しく感染率が低く、亡くなる方も少なかったと言えます。その理由の一つが清潔であることにあると言えるのかもしれません。

ところで、シドモアはそうした日本人の生活を様々な角度から観察していますが、自然の中に暮らす人々の生活風景についても、多くの記述を残しています。

「通り過ぎ行く農村の風景は、実用的とは思えないほど絵画的で、現実の住居というよりも、絶えず回る舞台背景のようです。新しい藁葺き屋根は黄に輝き、そして古く熟成した色合いの藁葺き屋根には雑草が生え、灰緑色の〝雌鳥と雛〟の巣のような瘤が点在し、同時に棟木沿いに百合を育てる花床もあります」

こうした日本の農村風景は、実はかなり人の手が込んでいるものです。温暖な環境の日本では、田圃や畑、自宅の庭でも、少し放っておくとたちまち雑草が生えてしまいます。それを日々きめこまかく手入れし、美しさと機能性、そこにいる在来の動植物との共生を保っているのです。そうした水田を維持する農民の努力についても、シドモアは捉えていました。

「エメラルド色の平野すべてが農作業の真っ最中で、大茸のような菅笠があちらこちらに見え、農民が腰をかがめて仕事をすると、水田の中に深く沈みます。北米の大草原のように水平な田圃に素朴で巧妙な灌漑システムがあり、至るところで農民が境界内に水を張るため小さな土手を築き、この細い黒の線で広大な格子模様を平野に描き、田圃から田圃へ歩きながら仕上げてゆきます」

「刺繍工芸家の発明の才と器用さは無尽蔵」

また、こうした農民の仕事に代表されるような日本人の勤勉さは、あらゆる職人の仕事にも、同じように現れていました。シドモアは本書で、日本の職人技の高さから生まれる素晴らしい物をたくさん紹介しています。西陣織、京友禅、磁器、紙細工、刀剣、屏風などの工芸品はまさに芸術であると語っています。例えば、刺繍について、こんなことを書いています。

「日本人の器用な手や針なくしては、どれも不可能で、彼女は巧みに動物の毛や革、鳥の羽毛、魚や龍の堅い鱗、果物の花、草花の露、体の筋肉、ちっちゃな顔や手、織物の襞模様、鮮やかな漆器の反射光、磁器の艶、さらにブロンズの緑青に似せて作ります。ときどき彼らは重厚な疣状模様で下地全体を覆います。そしてこの独特の刺繍を金緞縫付けと名付けます」
「刺繍工芸家の発明の才と器用さは無尽蔵で、この近代的職人は先祖からの技術を頑固に守り抜いています」

さらには、こうしたものづくりをする職人の誇りについても、明治を代表する七宝焼の工芸家、並河靖之を引き合いに出して、こう紹介しています。

「並河は急いだり、お金のために作ることを軽蔑します。夢を持って庭をじっと見つめながら、彼は『大きな倉庫、大きな作業場はいりません。一〇〇人以上の従業員を持つ野心もありません。多量の依頼や商売上の注文を取ったり、与えられた時間内で制作をすることは御免です』と断言します。さらに『よい芸術、よい作品は、銭金の指図は受けません。それから従業員には急ぎ仕事はさせません。そうでないと、精緻さの欠けた作品となり、また急場仕事で負担がきつくなるからです』と語り、『どんな鑑定家に見せても恥ずかしくない出来栄えのよい作品のために、何年も時間をかけることは苦痛でなく、むしろ喜びです。そこから、まさに賞賛と名誉が得られるのです』とも言いました」

こうした職人の技術と誇りは、現代の日本の町工場にも引き継がれているように思えます。

日本は海外と比較して、ブルーカラーとホワイトカラーの差が少ない社会。その所以は、自分の仕事に誇りを持ち、手抜きをせず、人のために一生懸命働くことこそ、生き甲斐と実感している人々が多いからではないでしょうか。

シドモアが心から愛した日本は、大自然の美しさ、そしてそれと調和し共生していく中に生まれる日本人の生活の美と生きる姿にありました。彼女は欧米の読者に向けて、日本をこう紹介しています。

「最初に出会う日本は、海岸線から離れた緑の島です。絵のように続く丘陵や頂上に至るまで、その光景はまるで夢の天国です。家並みは玩具に、住民はお人形さんに見えます。その暮らしのさまは清潔で美しく、かつ芸術的で独特の風情があります」

「東洋の万事が西洋世界にとって驚異です。半信半疑になりながらも、この紛れもない非現実的姿に遭遇すると、全く摩訶不思議な感動に包まれます。とにかく日本の素晴らしさを味わうためにアジア大陸の果てへ足を延ばして、この島国へやってくるべきです」

21

「国民の信仰心の最も純粋な発露、けっして滅びず、けっして古びることのない表象が、神道なのである」

小泉八雲（ラフカディオ・ハーン、一八五〇〜一九〇四） 作家。ギリシャに生まれる。明治二十三（一八九〇）年来日。小泉節子と結婚、のち、日本に帰化。松江中学校・東大などで英語・英文学を教えるかたわら日本文化を研究、海外に紹介した。著書『神々の国の首都』『日本の心』『明治日本の面影』、いずれも平川祐弘編、講談社学術文庫、一九九〇年

本書では、あまり知られていない外国人を多く取り上げています。明治の日本に暮らし、日本文化を世界に紹介した作家、小泉八雲（ラフカディオ・ハーン）はあまりにも有名で、研究も多く、改めて取り上げる必要はないのかもしれません。そこで、本書では〝これだけは知っておきたい小泉八雲〟ということで見ていきたいと思います。

ハーンはアイルランド人でイギリスの軍医であった父と、ギリシャ人の母のもと、ギリシャのレフカダ島で生まれました。長じてからは、アメリカで新聞記者などを経て、明治二十三

（一八九〇）年四月に来日しました。島根と熊本で英語教師をした後、東京帝国大学で英文学の講師を務めます。松江で出会った士族の娘、小泉節子と結婚し、日本に帰化。よく知られる『稲村の火』『耳なし芳一』『雪女』など多数の物語も紹介しました。ハーンには沢山の著書がありますが、比較文学が専門で成蹊大学名誉教授の牧野陽子氏によると、第一作の『知られぬ日本の面影』は「みずみずしい感動にあふれたハーンの最初の日本印象記」とのことです。その主な作品が収められたのが、『神々の国の首都』です。

「人々は皆お日様、光の女君であられる天照大神にご挨拶申し上げている」

ハーンは島根で一年余を過ごします。この期間はハーンの日本観・日本人観を決定付けたと言われるほどですが、『神々の国の首都』には、最も彼の心を動かした松江の人々の様子が記されています。

「……私のところの庭に面した川岸から柏手を打つ音が聞こえて来る。一つ、二つ、三つ、四つ。四回聞こえたが、手を打つ人の姿は灌木の植え込みにさえぎられて見えない。しかし、それと時を同じゅうして大橋川の対岸の船着き場の石段を降りて来る人たちが見える。男女入り混じったその人たちは皆、青い色をした小さな手拭を帯にはさんでいる。彼等は手と顔を洗い、口をすすぐ。これは神式のお祈りをする前に人々が決まってする清めの手続きである。それから彼等は日の昇る方向に顔をむけて拍手を四たび打ち、続いて祈る。長く架け渡された白くて丈の高い橋から別の拍手の音がこだまのようにやって来る。また別の拍手がずっと向こうの三日月のようにそり上がった華奢な軽舟からも聞こえて来る。それはとても風変わりな小舟で、乗り込んでいるのは手足をむき出しにした漁師たちで、突っ立ったまま黄金色に輝く東方にむかって何度も額ずく。今や拍手の音はますます数を加える。パンパンと鳴るその音はまるで一続きの一斉射撃かと思われるほどに激しさを増す。と言うのは、人々は皆お日様、光の女君であられる天照大神にご挨拶申し上げているのである。

『こんにちさま。日の神様、今日も御機嫌麗しくあられませ。世の中を美しくなさいますお光千万有難う存じまする』

たとえ口には出さずとも数えきれない人々の心がそんな祈りの言葉をささげているのを私は疑わない」

真の信仰とは、まさにこうした姿を言うのではないでしょうか。毎日の何気ない生活習慣の中に、日々生命を育んでいることへの感謝の祈りがあり、その信仰は習慣から誕生する――。これこそ神道であると、彼は感じたに違いありません。

神道といえば、単に迷信やアミニズムのように言われることもあります。また、当時の多くの外国人研究者が、自然崇拝や祖先崇拝という言葉だけで神道を表現しました。

しかし、ハーンは、神道はそれだけでは表現できないとして、英雄や英霊が神様として神社に祀られることも指摘しています。さらにハーンは、神道とは、そうした〝いかにも〟というところにもとどまらない、もっともっと深いところの信仰であると見ていたようです。

「……神道の広く意味するものの一部は、その信仰の素朴な歌のような美しさや、家庭での子供たちの躾や、ご先祖様の位牌を慎み敬う気持などからも、充分に汲みとることができる」

「現実の神道は書物の中に生きているのではない。儀式や戒律の中でもない。あくまで国民の心の裡《うち》に息づいているのである。そして、その国民の信仰心の最も純粋な発露、けっして滅びず、けっして古びることのない表象が、神道なのである」

「仏教には万巻に及ぶ教理と、深遠な哲学と、海のように広大な文学がある。神道には哲学はない。体系的な倫理も、抽象的な教理もない。しかし、そのまさしく『ない』ことによって、西洋の宗教思想の侵略に対抗できた。東洋のいかなる信仰もなし得なかったことである。神道は、西洋の近代科学を喜んで迎え入れる一方で、西洋の宗教に対しては頑強に抵抗する」

さらには、ハーンは神道だけではなく、神道と仏教が融合したもの、それが日本人の信仰であると捉えていたようです。彼は道端などにある地蔵に、そのことを見出しています。

彼は、ある寺に立ち寄った際に見た掛け物に描かれた賽の河原の子供たちの様子を書いています。

「幼い子供たちの亡霊が群がり、しきりに石を積み上げようとしている。子供の亡者はみな、とても、とても可愛らしい。現実の日本の子供たちのように可愛い」

何かの理由で幼くして亡くなった子供たちは、賽の河原で地蔵に遊んでもらったり、悪い鬼から守ってもらいます。彼はとても強い愛着を持って、地蔵を見ているのですが、そこには幼くして冥界に旅立たなくてはならなかった子供の不安と心細さ、子を思う親の愛情と早くに死なせてしまった罪悪感を救う存在が地蔵であり、それが日本固有の信仰と見たからに違いありません。

神道では、魂は永遠という考え方が基本にあります。私たちの日常生活する場所を中心とした時に、縦軸に天上他界と地上他界が存在し、神々の世界である高天原と黄泉国があります。縦軸に対し横軸の他界観も存在し、こちらは山や海のことで、山や海から魂をいただき、死ぬと山や海に魂が還っていくという民話が日本全国の地域に残っているのは、現世に並行したところに魂が存在しているという感覚があるからだと想像されます。そして、この縦軸と横軸はしばしば混在することもあります。

地蔵に見た彼の深い洞察は、そうした日本人の死生観を捉えたものでした。ハーンはこう書いています。

「死んだ子供たちを慈しみ、その遊び相手になるという地蔵像は日本固有のものなのである」

「虫の声一つあれば優美で繊細な空想を次々に呼びおこすことが出来る国民」

さて、ハーンはお祭りの夜店などに立ち寄っては、たくさんの虫を購入し飼育しました。その夜店が出る縁日の面白さについて、虫売りという商売があることや見世物小屋や道下者などを描写しています。ハーンの著書『日本の心』に収められたたくさんの作品のうち、「虫の演奏家」という代表的なエピソードを紹介します。

「いつの日か日本へ行かれるのなら、是非一度は縁日へ足を運ばれるとよい。縁日は夜見るに限る。無数のランプや提灯の光のもと、ものみなこの上なく素晴らしくみえる。縁日に出かけてみるまで、日本とは何なのか到底わかるまい。日本の庶民の生活にうかがえる、あの奇妙だがかわいげのある魅力、奇怪だが美しくもあるすばらしさなど想像もつくまい」

彼は、鳴く虫を収集しては、文学的視点からも研究し、この「虫の演奏家」を書き上げました。まず日本では虫の地位がとても高いことに興味を示しています。

「日本人のようにたいそう洗練されてまた芸術的な国民の美的生活の上で、この虫たちが西洋文明でつぐみや孔雀やナイチンゲール、そしてカナリヤが占める地位にひけをとらない地位を占めている、と語りきかせてわかってもらうのには骨が折れる。千年の歴史を持つ文学が、ものめずらしく繊細な美で充ちあふれる文学が、このはかない命の虫という題材から成り立っている、などとはどんな外国人に想像できるだろうか」

一見、私たち日本人からすると、虫の音をそのように扱うのは当たり前のことですが、西洋人にとってはそうではないようです。

ハーンは、日本人が鳴く虫を飼う習慣について、古くは『源氏物語』の「野分」の一節や、鎌倉時代に書かれた『古今著聞集』にも書かれていることを紹介しています。また、江戸時代の『其角日記』は、虫屋という商売がすでにあったと記し、山城や伊勢、摂津や近江などで鳴く虫の養殖と販売が始まり、やがて江戸でも虫屋が現れ、虫籠を開発してから急速に庶民の間に普及したそうです。

「国をあげて日本人が籠に入れた虫をめずるのは、ただ音が好き、というのではない。皆が好む虫の調べにはいずれもリズミカルな魅力か、あるいは詩歌や伝説でたたえられた何かに似た質がなければならない。同じことは、日本人が蛙の歌を好むことにもあてはまる。どの蛙もその声が音楽のようだ、と考えたならば誤りである。甘い調べを奏でる特別な種類の小さな蛙がいて、その蛙が籠で飼われ愛玩される」

当時、どんな虫たちが、売られていたかというと、鈴虫、松虫、くつわ虫、きりぎりす、えんまこおろぎなど、たくさんの種類があったことを挙げ、その経済的価値まで記しています。

「鈴虫と松虫については季節による価格の変動はほとんどない……鈴虫は一番の人気者である」

鳴く虫を飼うことが庶民の間に普及したのは江戸時代からでしたが、それより遙か前に、平安貴族たちは籠で虫を飼い、虫の調べに関するたくさんの文学を生み出していました。

例えば、松虫をよんだ最古の詩歌として、ハーンは『古今集』の「夕されば人まつ虫のなくなへにひとりある身ぞ置き処なき」という歌を引き、鳴く松虫にかけて恋人への想いを表現した美しい歌だと紹介しています。

「歌う虫を飼うことが流行となるはるか以前に、虫の調べは詩人たちから秋の美的たのしみの一つとしてたたえられていた。十世紀に編まれ、従ってそれ以前の時代の多くの詩を含んでいる詩歌集の中でなされた歌う虫への言及には、魅力的なものがある」

さらにハーンは、貴族から庶民に至るまでの虫に由来する豊かな文学が日本で発達したのは、日本人の感性に由来すると絶賛しました。

「日本の文学はもちろん家庭生活でも虫の調べに与えられている地位の高さは、西洋人にはまだ未開発の方面に日本では美的感受性が育っているという証しになろう。心地良いながらも胸苦しい秋の美、夜の声の不可思議な甘さ、森や畑のおかげで不思議と記憶がすぐよみがえってくること、こういったことは、西洋では類まれな詩人だけが見抜いているにすぎない。なのに日本では庶民みながわかっている、と縁日の虫屋の屋台からきこえてくる鋭い声は言いたげである。虫の声一つあれば優美で繊細な空想を次々に呼びおこすことが出来る国民から、たしかに私たち西洋人は学ぶべきものがある。機械の分野ではそういった国民の師であることを、全て人工的に醜く変えてしまうことでは教師であることを、私たちは誇ってよいだろう。だが、自然を知るということにかけては、大地のよろこびと美とを感じるということにかけては、いにしえのギリシャ人のごとく、日本人は私たちをはるかにしのいでいる」

ところで、どうして私たち日本人と西洋人とは、虫の音に対して、こうも感じ方が違うのでしょうか。この謎は、言語と脳との関係について科学的に分析した医学博士の角田忠信氏によって一九七〇年代に解明されました。

角田博士によると、虫の音は、日本人にとっては心地の良い調べに聞こえても、外国人には雑音にしか聞こえないものだそうです。日本人の場合、虫の音は左脳で感じ、西洋人は右脳で感じるそうで、それは生後九歳までの言語環境によって決定されるものだそうです。

角田博士はこう語ります。

「つまり、左右の脳の機能の違いは、先天的に決まったものではなく、後天的にどういう母国語を選んだかによって決まってくるということです。日本人が日本人であるのは、日本語を母国語としているからで、そのために、母音を左の脳でキャッチする度合が高い。これは、環境の働きを重要視するという立場です」

とても興味深い研究だと思いませんか。

それにしても、なぜハーンは日本人と同じく虫の音を心地良いと思う感性を持っていたのでしょうか。理由はわかりませんが、日本を深く愛したハーンは、脳までも日本人化していたのかもしれません。

「末期の苦しみでいかにもがこうとも、武士の娘に乱れた死様は許されない」

明治二十四（一八九一）年、日本全体を震撼させる事件が起こります。来日中のロシア皇太子が、滋賀県大津で護衛巡査に突然切り付けられ、負傷させられた「大津事件」です。加害者である津田三蔵巡査は、当時広く蔓延していた恐露病の影響を受け、ロシア皇太子が日本を侵略する目的の調査のために来日したと信じ、殺害を図ったと言われています。当時のロシア帝国は強国としての威勢を世界に誇り、維新直後のわが国とは国力の差は歴然で、まさに国家の存亡に関わる一大事でした。

この事件の収拾のため、明治天皇御自らが京都で治療していたロシア皇太子を見舞い、その後帰国の途に就くことになった皇太子を神戸まで見送り、さらには、招きに応じて神戸に停泊していたロシア艦内にあえて赴くなど、異例の措置をとったのをはじめ、明治政府の閣僚らもこぞって見舞いに馳せ参じました。

この時の日本国民の反応はどうだったのかを、ハーンは『明治日本の面影』の中で次のように記録しています。

「『天子様御心配』天皇陛下がお心を痛めていらっしゃるという。町は不気味なほど静まりかえっている。人々がいっせいに喪に服したかと思えるほどの、異様に張りつめた静けさだ。ふだんは喧ましい物売りまでが声を低めて足早に通り過ぎてゆく。朝早くから夜中まで賑わっていた芝居小屋さえ、今は一軒残らず木戸を閉ざしている。盛り場、興行場、すべて閉鎖で、お花の会も中止になった。料亭、宴席の暖簾は引っ込められたまま、人気の絶えた芸者町からは、三味線の爪弾きさえ聴こえてこない。大きな旅館で飲み騒ぐ者もなく、泊まり客は何か囁くような小声で額を寄せあっている。行き交う人の顔からいつもの朗らかな微笑みが消え、辻々に出された張り紙が、宴会、催しものの無期限の繰り延べを伝えている」

天皇陛下がご心配あそばされている——。君主の憂いを国民が共に憂うという光景に、ハーンは非常に驚いています。

「非をわび罪を償いたいという願いが、たちまち人々のあいだから沸き起こった。それは実に様々な形をとったけれども、どれも謝罪の気持ちが素直に溢れていて、そのいじらしいほどの善良さには頭の下がる思いがした」

また、こうした気運の中、尋常ではない悲しみにくれた一人の旧武家の娘について、ハーンは詳しく紹介しています。名前を畠山勇子といい、現在の千葉県鴨川に生まれた彼女は、東京で働きながら暮らしていました。

大津事件に際会し、この国の危機と感じた勇子は、日本政府、ロシア帝国官吏その他に宛てた十通の遺書を懐にして、ある覚悟を決めて京都に向かいます。

「夜が明ける。勇子は起きると、お日様を拝む。早朝の仕事をすませ、暇を乞うて許される。

それから一番きれいな着物に華やかな帯をしめ、真っ白な足袋をはく。身苦しい姿で天子様に命を捧げるわけにはいかない。一時間の後、勇子は京都に向かって旅立っていた」

十通の遺書のうち、京都府庁の高官に当てた遺書の内容は次のようなものでした。

「非行を償うため、卑賤の身ながら、若い命を奉るので、どうか天子様におかれてはご憂慮を鎮め給うよう申し上げて頂きたい」

そして、同年五月二十日、勇子は京都府庁前で自刃します。

「作法どおりに、しなやかで丈夫な絹の腰紐を抜き、着物の上から体を縛ると、ちょうど膝のあたりできつく結んだ。末期の苦しみでいかにもがこうとも、武士の娘に乱れた死様は許されない。それから躊躇なく正確に喉を突き、傷口から脈に合わせて血が噴き出た。侍の娘はこうしたことで決して間違いは犯さない。脈の在処をきちんと心得ているのだ」

〝烈女勇子〟の話は、瞬く間に全国に報道され、勇子に関するたくさんの写真や本が売れます。

一方で、いつの時代もマスコミはあら探しが好きです。記者たちは自刃の動機を、不義や失恋や家庭の不幸に求めました。そのことをハーンはこう批判しました。

「しかし、そんなものは何もなかった。勇子のつつましい暮らしには、隠し事や弱みや不正など、付け入るすきもなかった。花開く前の白蓮のつぼみよりも清楚な身上だった。それでひねくれ者の記者たちも、武士の娘にふさわしい凛々しさ気高さを書くしかなかった」

大津事件における明治天皇のこの上なく誠意を尽くされる御姿勢。一方、畠山勇子に代表されるような国の有事は自らの有事であるという国民性。ハーンはこの日本の国民性を深い感動の目で捉えています。

「現実の世において、崇高な行為を成すのは通例ごく普通の人であって、非凡な人ではない。平凡な事実を目にするおかげで、人々は自分達と同じ仲間の一人の英雄的なところを十分に悟り、仲間として名誉に感じるのである。我々西洋人の多くは、我々の倫理道徳を庶民から学び直さねばならないだろう。西洋の知識人達は、誤った理想主義、因習的虚偽の中にあまりに長い間身を置いてきたので、正直で暖かい、真実の人間的感情が低級なものに思えてしまう。その当然の報いとして、彼らは見たり、聞いたり、感じたり、考えたりができなくなってしまった。西洋の因習的理想主義などよりも、勇子が鏡の裏に書いた歌の一首の方が、より多くの真実を含んでいるのである。それは、『心を汚れなく保っていれば、徳も善も悪も、鏡に映るようにはっきりと見えるものだ』という意味の歌であった」

ハーンは最後に日本人のことをこんなふうに讃えています。

「誕生から死に至るまで、美しい心の霞――とりわけ、平凡な事物を金に変える、この東洋の陽光のような、愛という霞を通して常にものを見ている人は、最も幸せな人である」

22

「乃木大将は、日本古武士の典型であり、軍人にして愛国者であった」

スタンレー・ウォシュバン（一八七八〜一九五〇） アメリカの記者。日露戦争で乃木希典大将率いる第三軍に従軍。第一次世界大戦ではロシア軍に従軍した。著書『乃木大将と日本人』目黒真澄訳、講談社学術文庫、一九八〇年

私が神明奉仕する瀬田玉川神社（東京都世田谷区）には、日露戦争の「戦役紀念碑」があります。これは日露戦争に従軍した氏子三十一名のために建立されたもので、乃木希典陸軍大将が揮毫しています。

中央乃木會編『乃木将軍揮毫の碑』によると、乃木大将の書は極めて少ないそうですが、日露戦争後の忠魂碑や墓碑の依頼は全て断ることなく、斎戒沐浴して揮毫されたそうです。そうした碑は、一説には全国で二万を超えるとされ、いかに乃木大将が多くの部下である兵士に心

を砕き、その家族からも慕われていたかがわかります。

その日露戦争で乃木大将率いる第三軍に従軍したアメリカ人記者、スタンレー・ウォシュバンの『乃木大将と日本人』を紹介します。

ウォシュバンは日露戦争当時、「シカゴ・ニュース」紙の記者でした。彼はその後、第一次世界大戦では「ロンドン・タイムズ」紙の記者としてロシア軍に従軍するなど様々な戦場の様子を報じました。

日露戦争では乃木大将の間近に接し、「ファーザー・ノギ」とまで慕い、敬愛の念を捧げるほど、惚れ込むことになります。「私は直接乃木大将を見、かつ乃木大将を知るに及んで、その人格と天稟《てんぴん》とに痛く感激させられたものである」と書いているほどです。

乃木大将は、明治天皇の崩御に際し、これに殉じて自決し、夫人もまたその後を追います。この殉死に、国民はこぞって崇敬と尊敬を捧げ、かの有名な夏目漱石や森鷗外に至っては明治日本の精神の表れと、漱石は『こころ』を、鷗外は『興津弥五右衛門の遺書』を著しました。

ところが、この日本の様子についてアメリカ人は理解に苦しんだそうです。それを見て、居ても立ってもいられなかったウォシュバンが一気に書き上げ、世に出したのが本書なのです。

外国人記者の心をそこまで摑んだ乃木大将とは、どんな人物だったのでしょうか。

「一兵卒の戦死さえ、乃木大将は肉親の不幸として感ずる人である」

ウォシュバンをはじめ、この戦役に従軍した海外記者は数名いましたが、乃木大将は彼らを厚遇しました。当然彼らの目的は、この戦争における作戦行動の最新情報を得ることでしたが、乃木大将はそこには触れずに、彼らと共に詩歌を編んだり、軍の相撲大会に招待したりしました。ウォシュバンによると、毎日の食事においても肉やコーヒーなどが足りなければすぐに用意してくれるなど、乃木大将はじつに細やかな配慮をしてくれたそうです。

「将軍はまた私たちの家族親族についてまで、精しく尋ねるようになった。両親は幾歳か、共に健在であるか、何処に住んでいるのか、かように遠く離れていては、さぞ両親が淋しかろうとか、あらゆる隔てない個人的質問にも、常に二人の愛児を失った親としての情懐を洩らさないことはなかった」

一方、ウォシュバンは指揮官としての乃木大将を次のように評しています。

「乃木大将の人格を知らんとするには、剛勇鉄のごとき軍人としての大将と、温厚親切なる友人としての大将と、この二つの方面から観察する必要がある」

一万五千四百余名の戦死者を出したと言われる日露戦争最大の激戦地・旅順口の戦い。この戦いで乃木大将自身も、二人の令息を喪うことになりますが、この時の乃木大将とそれに付き従う部下将兵たちの様子をウォシュバンは記録しています。

「日本人の、殊に新しき人々には、戦死者や負傷者に対して、わずかに同情するくらいに過ぎない人も多かったらしいが、乃木大将はこれらと全く趣を異にした。新任長官として第九師団を編成した時には、下士官の姓名までいちいち覚えてしまったという人である。手ずから撫育して多年統率の任に当っていた、我が児のごとき第九師団は、今や旅順口攻撃軍の中心となって、難戦苦闘を極めた点においては、出征軍中恐らくその右に出づるものはあるまい」

「一兵卒の戦死さえ、乃木大将は肉親の不幸として感ずる人である。ましてこの旅順口攻撃戦によって与えられた苦痛にいたっては、比ぶべきものはなかった。かの第一回総攻撃のあった八月の一週間、乃木大将は常に前線に出ていた。こなたの丘に立ったかと思えば、また彼方の山に移る。そして部下の師団・旅団・聯隊が、露軍の放火を浴びて、さながら日光の下に消ゆる霰のように、相次いで消えてゆくのを視守った。しかもなお将軍は、毎日彼らに頑張らせて止まなかった。この計画は将軍自らの計画ではない。将軍はただその責任を負うたのだ。そして過去一千年の歴史にも、絶えて比類を見出せない、堅忍不抜のストイック的精神を発揮して、飽くことを知らぬ戦争の巨腹に充たしむるに、あたら日本男児の鮮血をもってしたのである」

　乃木大将は、部下将兵の一人ひとりを自分の家族のように感じていました。

　一方、部下将兵たちは乃木大将をどう見ていたのでしょうか。

「彼ら将校・士卒が、鮮血を注げよ、惜しまずに注げよと要求されながら、喜んでこの使命を受理したそのストイック的精神も、彼らを死地に就かしめた将軍の精神に、少しも譲るものではなかった。生命を、本務と国家との祭壇に捧げよと命じた、その沈黙の司令官の命令を、舌端にも念頭にも、問題とするものは一人もなかった。乃木大将に対する部下将兵の心持は、愛情と尊敬と崇拝との、微妙に結合したものであって、この心持なればこそ、あのようなほとんど狂信にも近き熱情をもって、喜んで絶体絶命の境に馳せようとする精神が生まれてきたのである。将軍の通過する姿を見ると、将校も士卒も必ず不動の姿勢をとって敬礼した」

のちに、乃木大将は東京・赤坂や京都、山口、那須などの乃木神社に軍神として祀られますが、その所以の一つがここにあろうかと思います。

ウォシュバンが、乃木大将のことをとても部下を思いやる心をもった人だということがさらにわかるエピソードとして、乃木軍に従い多くの功績を挙げた一戸兵衛大将（当時は陸軍少将。のちに学習院院長や明治神宮宮司を務める）が語ったことをウォシュバンは紹介しています。

「そのころ、私は参謀長で、司令官室の隣に私の室があった。毎日面会人が来る。夕刻になっても客が帰らなければ風呂に入れないので、よく乃木大将から風呂に入れと督促されたことがある。ある日のごとき、二度も間の戸を開けて『参謀長風呂に入れ』といわれた。そこへまた面会者が入って来て風呂に入れないでいると、しばらくしてまた戸が開いて、『参謀長、なぜ風呂に入らぬか』といわれた。『恐れ入ります、何分次から次と用事が出来ますので、つい後れました』というと、乃木大将は『そうであろう、しかし従卒がかわいそうじゃないか。自分が入浴したあと、参謀長が入らないうちは、いつまでも風呂を焚きつづけていなくてはならぬ。かわいそうだから速く入ってくれ』といわれた。乃木さんはそうしたことにまで気をつけられる。それも非常に兵隊をかわいがられるからであった」

また、一戸大将はウォシュバンから、なぜ乃木大将は訪問すると靴を脱いで椅子の上に坐っているのか、と訊ねられたことについて、こう語っています。

「明治天皇は出征軍人の労苦を思し召され、恐れ多くも宮中御座所の火鉢を廃せしめ給うたとのことである。そのことを法庫門（引用者注・満洲奉天の北にあった国境の街）陣中で漏れ承ったのであるが、乃木大将は陛下のこの思し召しを恐懼せられ、自分もまた司令部公室私室の火鉢を撤去させられた。ところが法庫門はなかなか冷えるところなので、閑暇の時など、平足を冷さぬよう、靴を脱いで椅子に端座して、読書に耽られることがあった」

乃木大将の姿勢の淵源を見るようです。ちなみに、私はこの逸話を読んで、東日本大震災の折、当時天皇であられた上皇陛下が被災者を思い、御所の「自主停電」をなされたことを思い出しました。いつの世も「国民と苦楽を共にする」皇室の姿勢は変わりません。

「敵軍の苦境に在るのを忘れないようにしたい」

もう一つ、乃木大将の人となりがよく分かるエピソードをウォシュバンは紹介しています。

それは敵に対する乃木大将の態度です。

旅順口が陥落して祝賀会が開かれた時、乃木大将の副官の一人が語ったことをウォシュバンは記録しています。

「旅順口が陥落して、私たち幕僚が皆祝賀に耽っていると、いつの間にか閣下の姿が見えない。もう退席してしまわれたのだ。行ってみると、小舎の中の薄暗いランプの前に、両手で額を覆うて、独り腰かけて居られた。閣下の頬には涙が見えた。そして私を見るとこういわれた。今は喜んでいる時ではない、お互いにあんな大きな犠牲を払ったではないか」

東郷平八郎率いる聯合艦隊が日本海海戦でロシアのバルチック艦隊を撃滅した時も、やはり祝賀会が開かれました。その時の乃木大将の言葉もまたウォシュバンは記録しています。

「我が聯合艦隊のため、我が勇敢な海軍軍人と、東郷提督のために、祝盃を挙げるのはこの上ないことだ。天皇陛下の御稜威によって、我が海軍は大勝を得た。しかし忘れてならぬことは、敵が大不幸をみたことである。我が戦勝を祝すると同時に、又我々は敵軍の苦境に在るのを忘れないようにしたい。彼らは強いて不義の戦をさせられて死に就いた、りっぱな敵であることを認めてやらねばならない。それから更に我が軍の戦死者に敬意を表し、敵軍の戦死者に同情を表して、盃を重ねることとしよう」

ウォシュバンは「乃木大将の本色実にここに在る」と述べていますが、こうした記録を読むと、なぜウォシュバンが乃木大将に惚れ込んだのかが、分かるような気がします。

「諸君、露国艦隊の所在を瞰制することのできる地点は、ただ一カ所しかない。それは二〇三高地の頂上である」

全く話は変わりますが、昭和四十年代に発表された歴史小説『坂の上の雲』で、作者の司馬遼太郎は、旅順要塞戦において乃木軍が無策の正面突破を繰り返し、無駄に多くの兵士を死なせたとして、まるで乃木大将は精神主義だけの戦下手な愚将であったという風に描きました。その結果、国民にこうした認識が広まってしまいました。

しかし、現在では研究が進み、司馬の認識が誤りであることがわかっています。専門家によると、要塞攻略戦には敵の三倍の火力と兵力がいるというのが常識です。にもかかわらず、児玉源太郎以下参謀本部は露軍の火力と兵力を実際の三分の一と少なく見積もっていたのです。これが乃木の第三軍が苦戦した最大のポイントです。

しかし、中西輝政京都大学名誉教授は桑原嶽氏の『乃木希典と日露戦争の真実』（ＰＨＰ新書、二〇一六年）に寄せた一文で、こう解説しています。

「旅順攻略戦で日本は一万五四〇〇余の戦死者と、四万四〇〇〇余の戦傷者を出している。その損害は、当時の日本に大きな衝撃を与えるものだった。しかし、その十年後の第一次世界大戦を見れば、近代要塞戦がいかに大きな人命を、まさに『すり潰す』ように失わせるものかがよくわかる。独仏が激突した一九一六年のヴェルダン要塞攻防戦では、攻撃側のドイツ軍は、なんと一〇万以上の戦死者と二〇万人とも言われる戦傷者を出したのだ。当時の装備で堅牢な近代要塞を攻略しようとすることは、それ自体、大きな悲劇だったのである。それを考えるなら、本書で詳述されているように、実は合理的かつ柔軟な発想で、旅順要塞をあれほどの短期間で攻略した乃木と第三軍の手腕は、世界の軍事史上、むしろ優れた戦例として評価されるべきものとさえ言ってよいだろう」

実際、旅順要塞戦の第一回総攻撃で乃木軍が強襲法（敵に身を晒して突撃する肉弾攻撃）を採用したのは参謀本部が速やかな攻略を指示したためでした。しかし、これが失敗するや、乃木は第二回総攻撃では自らの判断で正攻法（壕を掘って敵陣に接近して突撃陣地を設ける戦法。最後は工兵が坑道を掘って敵陣地に爆破を仕掛ける）に切り換えました。ウォシュバンはそれによる戦況の変化を次のように記しています。

「塹壕をなるべく攻撃目標に向って延長し、余すところ二、三百ヤード（約一八〇～二七〇メートル）の地点に達すると、その塹壕から日本軍は雲のごとくに群がり出て、砲兵の援護射撃の下に、露兵をその陣地から掃蕩するのであった。鉄筋コンクリート構造のために進路を遮るるところには、更にその地下に隧道を穿ち、坑道を爆破しては破壊孔から殺到したのである」
「日本軍の損害は月を追うて増大したが、その代わりには、戦線が進んで、悪性腫物の繊維か蔓のように、露軍要塞の生きた組織の中へ喰いこんで行くのをば、一寸々々と地図の上に辿ることができた」

　そして、第三回総攻撃については、司馬は乃木に代わって司令部が目標を二〇三高地に変更し、児玉が現地に飛んで指揮を執ったから成功したというふうに描きましたが、実際は二〇三高地への目標変更は乃木の判断でした。

　ウォシュバンによると、そのころ第三軍司令部の会議では「なお一回の総攻撃を行うべしとの議論が盛んであった」そうです。乃木大将は全ての議論を傾聴していたそうですが、そうした議論がまさに尽きようとする時、静かに次の所見を述べたということです。

「諸君、露国艦隊の所在を瞰制することのできる地点は、ただ一ヵ所しかない。それは二〇三高地の頂上である。あれさえ我が手に入るならば、二日で艦隊を全滅させられる。なかなか奪取しにくい陣地である。多大の犠牲も払わねばなるまい。しかし観測地としての価値からいったら、二〇三高地は一個師団にも換えられない。第七師団がいよいよ到着したことだから、二〇三高地へこれを差し向けることにしよう」

　乃木大将は決して精神主義だけの愚将ではなく、こうした合理的で柔軟な発想・判断のできる将帥だったのです。

　と同時に、本章の前半で累々紹介してきたように、乃木大将は兵を非常に思いやる情誼に厚い人格で以て第三軍を統率しました。だからこそ乃木軍の兵士は、人間業とは到底思えない力戦敢闘を繰り返し、その結果、露軍は屈服したのです。

旅順を陥した乃木軍の影響力は大きく、続く奉天会戦でも、露軍は少なくとも二カ月間の糧食と弾薬が備蓄してあったにもかかわらず、乃木軍の攻勢に士気を失い、開戦からわずか十八日間で退却してしまいます。ウォシュバンはこう書いています。

「軍人として、また軍隊として、この奉天における乃木大将とその部下ほど恐れられたものは絶無だといっても過言でない」

「露軍の側背を迂回して、彼らを退却の止むなきに至らしめたのは、乃木大将と、その旅順より率い来った第三軍であった。いよいよ最高の勝利を可能ならしめたのは、実に将軍と将軍麾下の軍隊であったのだ」

「乃木大将は、日本古武士の典型であり、軍人にして愛国者であった」

明治四十五（一九一二）年九月、全国民が衝動する大事件が起こります。明治天皇の崩御に際し、乃木大将夫妻がこれに殉じて自決したのです。国民は挙って弔意を表し、次々に乃木大将追慕の伝記が出ました。しかし、これを理解できなかったアメリカ人の様子を見て、ウォシュバンが本書を書き上げたことは先に述べた通りです。ウォシュバンは自国の人々に向かって乃木大将は「かくのごとき人」だと語りかけました。

「将軍は天皇陛下に赤心を捧げていた。陛下の崩御とともに、もはや生き存う責務は終った。

すなわち従容として自殺して逝いたのだ」

「とにかく将軍の生涯は、いかなる困難も危険も問うところではない。敢然身を挺して退かない男児の典型として、二つとないものであった。将軍は一切を甘受して何らの不平もない。生を重んずるのはただ、忠義と尊敬を集中するその対象に奉仕せんがためであった」

「かくのごとき理想を抱いたかくのごとき人物が、今日この時代に現存したことは、吾人西洋の生活に育てられたものの愕かずにはいられないことである。偉大な人傑の生れ出て、位人臣を極めたり、大望を達したりすることはある。しかしその影には、何処となく自己中心思想の潜在することが多い。偉大なる愛国者の興起することもある。しかし満身ただ忠誠、個人的存在を没却して、純理想主義に立脚する点において、近世誰あってこの日本の古武士乃木大将に匹儔することができよう。古代ギリシアの勃興期においては、こうした人傑の輩出したこともある。しかしそれは全く環境を異にした時代の人々であったのだ」

「乃木大将は、日本古武士の典型であり、軍人にして愛国者であった」

23

「まあ、なんて人たちなんだ!」

ヴェンセスラオ・デ・モラエス(一八五四〜一九二九) ポルトガル海軍士官。明治二十二(一八八九)年、来日。明治三十一(一八九八)年、領事となり、日本女性と結婚。のち徳島に永住。日本の民俗・文化を海外に紹介した。著書『極東遊記』花野富蔵訳、中央公論社、一九四一年/『日本精神』花野富蔵訳、講談社学術文庫、一九九二年

明治時代に来日したポルトガル人、ヴェンセスラオ・デ・モラエスは、第21章で紹介したラフカディオ・ハーンに比べて一般的にはあまり知られていませんが、「ハーンは日本を表現し、モラエスは日本を生きた」と言われるほど、日本を、日本人を、こよなく愛した外国人の一人です。

モラエスについては、複数の評伝があり、最近では藤原正彦氏(お茶の水女子大学名誉教授)が、その父で小説家の新田次郎との合作『孤愁〈サウダーデ〉』(文藝春秋、平成二十四年)を

発表しています。

さて、モラエスは明治二十二（一八八九）年にポルトガル海軍の軍人として武器の調達などを目的に来日し、それ以後毎年のように公務でやってきます。やがて、ポルトガルの領事館が神戸に開設されることになり、彼は明治三十二（一八九九）年に初代領事となります。

彼は、外交官の仕事の傍ら、日本の宗教、生活、文化に興味を示し、頻繁に神社や仏閣などを訪れるようになります。また時を同じくして、遊郭の芸者であった福本ヨネと運命的な出会いを果たし、共に生活することになります。

多忙の中でも公私ともに充実し、穏やかな日々をしばらく過ごしますが、彼の人生の方向を変える一つの出来事が起こります。最愛の人・ヨネの死です。同時に、祖国ポルトガルの政情混乱の影響もたたり、彼は隠遁することを決心し、一切の官職から退きます。

そして、次に渡った地が、ヨネの故郷・徳島です。この時、モラエスは五十九歳。七十五歳で亡くなるまで、徳島で過ごします。彼は、徳島でヨネの姪の斎藤コハルと暮らしますが、わずか三年で結核を患ったコハルと死別してしまうなど、徳島でも波瀾万丈な人生を送りました。

この間モラエスは、十数冊もの著作を出版します。モラエスは特にハーンに共鳴し、ハーンを師表として日本・日本人論を展開したとも言われています。

「ぼくは素晴らしい国、日本にいる」

そんなモラエスですが、明治三十二年に四十五歳でポルトガル領事になってから、昭和四年に七十五歳で亡くなるまで約三十年もの長きにわたり日本で過ごしました。なぜ彼は、祖国ポルトガルに戻らず、日本への永住を決意したのでしょうか。まずは彼の日本に対する第一印象を見ていきましょう。

明治二十二（一八八九）年、日本で最初に訪れた地・長崎について彼はこう綴っています。

「ぼくは素晴らしい国、日本にいる。ここ長崎で世界に比類のないこれらの木々の陰で余生を送れたらと思う。……だが、みごとな景色、花々、ほほえみにみちた、神によって祝福されたこの土地をおもいを残して去るよ。魂が甘美な思考にふけるようにと、そして生活に疲れた精神がなお浄化されて神慮に対し感謝を捧げることのできるようにとつくられたこの土地を」（妹エミリアへの手紙、一八八九年）

「まず最初に水平線にくっきりと見えたのは、みごとな長崎湾に隣接する山々と緑の島々であった。長崎を出ると、船は下関海峡を航行し、不意に現れる楽園のような風景がこの地球の一隅の現実の形というよりも幻影のように思われる、イギリス人がイングランド・シーと呼んでいる比類なく美しいその内海に入った。そして、すばやく神戸の港に停泊し、横浜湾に停泊し、ただちに陰鬱な中国の岸辺に帰った。

そのあわただしい旅の印象は、眩暈《めまい》以外の何ものでもなかった。つぎつぎと現れる木立、風変わりな丘丘、音高く流れ落ちる滝滝、ささやく小川、青々とした田畑で飾られた緑一色の風景のなかでくりひろげられる、誰にも想像つかない気まぐれな光景。花や虫、あらゆるもののうちに、慇懃な男たちとしとやかな女たちから成るその国民のうちに息づく驚嘆すべき生。異国情緒ゆたかな永遠の祭り。かずかずの不思議な事物」（『極東遊記』、一八九五年）

初めて見た長崎の風景を、絶賛していることがわかります。

彼は三回目の来日（一八九四年）で、長崎から神戸に行く途中で航行した瀬戸内海でも「この世にありえないもの」と表現しています。日本各地の美しい風景に魅了されたことが、祖国を思いつつも日本にいつまでも住み続けたくなった理由の一つと考えられます。

二つ目に考えられる理由として、彼は、日本人の進取性や仕事に対する勤勉さ、そこから生み出される日本の産業の技術力の高さを高く評価していることが挙げられます。

明治政府の富国強兵、殖産興業の夢をかけた最新技術の官営工場である大阪砲兵工廠を、明治二十六（一八九三）年に訪れた時のことです。

「そこはほんの二〇年前にはほとんど何もつくっていないみすぼらしい作業所にすぎなかった。だが、発展を遂げ、今日では、いくつもの広大な構築物から成るきわめて重要な工場になっている。ここでは、大砲の鋳造、防御物、砲弾、信管、大砲発射装置、その他の大砲の付属品の製造が、およそ一五〇〇名の工員によって精力的に行われている。工員たちはすべて日本人であり、同じく日本人のまことに有能な上級職員の管理下にある」(前掲書)

かつて種子島に鉄砲を伝えたポルトガルは、「太陽の沈まない国」と言われるほど世界で最も栄えた国の一つでしたが、モラエスが日本に来た頃は、逆に日本から大砲などの質の高い武器を購入していました。きっと彼は、近代化で栄え行く日本の姿を見て、日本を模範にした祖国の再興を願って止まなかったに違いありません。

さらに、モラエスが日本を離れられなかった最大の理由と私が考えるのは、日本女性の可憐さに惹かれてしまったからでしょう。明治二十六(一八九三)年、モラエスが神奈川の芸者に会った時のことです。

「優美だ。ただ優美である。やや黄褐色がかった皮膚、細っそりした体、いつも新鮮な桜桃の唇、漆黒の眉毛と頭髪、子羊のように他人の瞳を避けるしとやかな栗色の眼、その商売道具の日本のギターラの三味線を手にしている」(前掲書)

このような容姿だけではなく、日本女性の持つ勤勉さと知的さ、内面の美しさとおしとやかさにモラエスは魅了され、数々の日本女性との恋多き人生を歩むことになったようです。それも、日本を愛した理由の一つと言えるでしょう。

「日本の児童は、男女の差別なく普通の基礎的な学校にはいる」

日本・日本人に関するたくさんの書籍を残したモラエスですが、大正十二（一九二五）年に出版された『日本精神』は、日本研究の集大成と言うべき作品です。本書の中で、彼は日本人の宗教や習俗、芸術や文学、愛情や死生観など、幅広い分野について、欧米人に解説しています。その中から特に、日本人の教育水準に絞って紹介しましょう。

彼は世界のあらゆる文明国のうちで、日本はもっとも文盲の少ない国としていくつかの話を紹介しています。

「日本では、馬や牛は（驢馬はいない）車を曳かすのにほとんど使わない。通常、家畜の代りをしているのが人間だ。だから、車を曳く貧しい俥夫《しゃふ》が苦しげに人々を運びながら、それと同時に、腕を手木《てぎ》に置いてロマンスや恋物語などといった書物を繰ってって丹念に読んでいるのを見かけることがよくある」

「あの隣りの大工は八月と九月のこの焼きつける暑さからもはっきり想像できるように、その日一日の労働に疲れ果てて夕方に家へ帰ってくる。風呂にはいって夕食をとる。するとまもなく、子供らが子守唄で眠る。そのとき、その男もまた眠りにつこうとして電灯に近づき、幾人もの人手に渡ることになっていて数日間かかるらしいかなりの厚さに綴じられた貸本の小説類や昔の武勇伝を一、二時間妻に読んできかせる。その大工の声は大きくて感心するほど調子がよくて疲れない。とても魅力があって隣近所の男も女も惹きつけられて、まるで魔法にかかったように耳を楽しまそうとする」

モラエスは俥夫や大工など普通の庶民が当り前に書物に親しんでいる日本という社会に驚いています。夫婦の仲睦まじさも感じられるとても素敵なエピソードです。

いま一つ話があります。

「もし間違っていなければ、ラフカディオ・ヘルンの言ってる話と思うが、一八九一年の岐阜の大地震の直後に倒壊した学校の生徒たちが、授業の時間に廃墟の上に集まってきて、壊れた瓦を黒板にし、蠟石の破片を白墨に使用して読み書きの勉強を続けようとしていたとのことである……。

この最後の事実を説明するのには、うまい美辞もないし、事実の雄弁をぶっこわすことにもなる。民間でよく使われているあのありふれた言葉のうちのどれか一つをその代わりに使って、どんな美辞をもってしても言えないことまで言おう。で、こう言おうではないか——まあ、なんて人たちなんだ！」

大変な状況においても学ぶことを忘れない日本人の勤勉さ。日本人を良く理解しているモラエスをして、言葉では表現できないと叫ばせてしまったエピソードです。

一方、モラエスは当時の日本の高い教育水準を支えているものに、大きく二つの要素があると言っています。それは、彼はそういう単語は使用していませんが、要するに学制と教育勅語のことでした。モラエスは日本は江戸時代から藩校や寺子屋で子供を熱心に教育していたことを述べた上で、学制の積極的な意味を語っています。

「日本が教育の本当の組織を実際に実施したのは、一八六八年の明治維新の到来によってであった。すなわち、そのときには差別を解消し階級を均等にして、文教の利益を全国民に展《ひろ》げたのである」

「日本の児童は、男女の差別なく普通の基礎的な学校にはいる。八歳ないしそれ以下の義務教育であり、ほとんど無償の教育である。かくて、第一歩を――生活の門出の厳かな第一歩を、教育を受けるために踏みだす」

現代では当たり前になったこのような教育制度ですが、当時は世界のどこの国でも人種・階級・男女の差別や格差が当たり前だった社会。学制は、世界に先駆けた画期的な教育制度でした。彼はその下で運営される学校の様子についても記しています。

「小学校は仲よくデモクラシイの印象深い場面を提供する。海軍将軍の子、陸軍将軍の子、代議士の子、判事の子、資本家の金持の子がもっとも身分の低い職人の子と遊びたわむれる。みんな紺と白との粗末な木綿の着物を着て、みんな裸足で簡単な藁草履をつっかけている。教師は、おどかさない。教師からどなりつけられるとか、体罰とかをうけない。教師は児童の愛らしい感情にとらえられて、ともに遊び戯れともに笑う、いわば兄のようなものにすぎない」

現在、国連が十七のゴールを掲げる持続可能な開発目標（ＳＤＧｓ）の中に、「すべての人々への包摂的かつ公正な質の高い教育を提供し、生涯学習の機会を促進する」という目標がありますが、明治期の日本はこれを既に達成していたと言えます。むしろ現代の方がいろいろな問題や混乱もあり、それから逆行しているように思えるのは、私だけでしょうか。

そして、もう一つの要素。教育勅語について彼は説明しています。

「――それは日本の栄誉であり、勉学に対する愛の基本である。各人はその父母に対して孝行をするよう、兄弟姉妹の間で親愛にするよう、夫と妻の間で親和するよう、友人としては真の友だちになるよう、謙譲で穏和になるよう、すべての人に親切にするように諭す。国民は知識の方面で教育され技能を訓練され、かくてその知能が啓発され、その徳力が完成されると主張する。さらに国民に向かってこういうのである。すなわち制度を尊重し、国法を遵奉せよ。一度、事変が起こったならば、各人は勇敢に国家に奉仕し、天地とともに窮まりない玉座の栄光を守護し保持せよと」

この時代、欧米列強は世界のほとんどを植民地にし、その矛先は例外なく日本にも突きつけられ、一瞬の油断も許されない状況でした。モラエスは日本が列強の干渉に対抗するためには、大衆の協働、つまりワンチームで事に当たることが個人の創意よりもはるかに重要だと言っています。

一方でモラエスは、この時代の日本人の特徴を「没個人性」という言葉で表現し、これこそモラエスの『日本精神』の主なテーマなのですが、戦後的価値観の中で生きてきた今の日本人にとっては、おそらく理解が難しいと思われます。

個人の利益と社会の繁栄――。各々の地域や時代において、その適度なバランスは変化していくものだと思いますが、ただ、明治・大正期にモラエスが捉えた日本・日本人の姿は、既存の秩序が大きく揺れているこれからの世界と日本において、重要な示唆となる時が来ないとも限りません。

24

「日本の天皇は魂のように現存する。彼は常にそこに居るものであり、いつまでも居続けるものである」

ポール・クローデル（一八六八〜一九五五）フランス駐日大使。カトリック信仰に支えられた壮大な世界認識の詩劇を書いた。また、駐日大使として日仏文化交流に貢献。著書『天皇国見聞記』樋口裕一訳、新人物往来社、一九八九年

二十世紀を代表する象徴主義の詩人・劇作家と言われるフランスのポール・クローデルの作品には、現在でもたびたび上演される『繻子《しゆす》の靴』、『黄金の頭』、『マリアのお告げ』などの戯曲がある他、代表的な『五大頌歌』など膨大な量の詩や評論もあります。

詩人・劇作家であり、外交官でもあったクローデルの『天皇国見聞記』は、訳者の樋口裕一氏が、クローデルが一九二七年に出版した『朝日の中の黒鳥』の全集版を中心に、日本文化論に関する作品についてまとめた一冊です。

一方、クローデルは外交官としても卓越した視点を持っていました。アジアでは中国各地での任を経て、大正十（一九二一）年、駐日フランス大使として日本に赴任し、約四年半を日本で過ごします。

この時代、日英同盟が破棄され、アメリカで排日移民問題が再燃し、対日本という英米の連携が強まる中、日本が世界の中心軸を外れていくことを「いわばロビンソン・クルーソー化している」と指摘し、本国へ報告しています。一方で、中国での影響を強めたいフランスにとっては、これを機に日本との連携を強めるべきという報告をするなど、深い洞察力も持ち合わせていました。

じつは、クローデルは早くから日本への赴任を熱願していました。その背景には姉の影響があり、彼は幼い頃から日本への強い憧れを持っていたと言われています。

十九世紀後半のフランスではジャポニスムの嵐が吹き、多くの芸術家が日本の浮世絵や工芸品などに熱狂しましたが、姉のカミーユ・クローデルもその一人でした。カミーユは、《考える人》で有名なロダンの弟子で愛人でもあった才色兼備の天才彫刻家でした。

そうした背景があったからでしょうか、本書を読むと、日本・日本人について好意的な目で、しかも詩人ならではの誰も真似できないほど豊かでセンスの良い表現で紹介していると感じます。

例えば、一九二五年にリヨン大学での講義の冒頭で、彼はこんな話から始めています。

「日本の寺社には、どこでも、門に、澄みきった泉がありまして、参拝に来た人々は、中でお参りする前に、欠かさず、手や口をさわやかに洗い清めます。みなさんの道連れとして、神秘と驚異に満ちた国についての貧弱な知識を開陳するにあたりまして、私もまた、私の舌と頭を洗い清め、そして同時に、おそらくは快く私の話を聞いてくださるおつもりでおられるみなさんの耳を、さわやかにし、洗い清める必要がありそうです」

「日本人の心の特徴は、……もうひとつ、清浄という観念を付け加えるべきであったかもしれない」

それでは、クローデルが見た日本を紹介していきましょう。最初に紹介したいのは、大正天皇の「大喪の礼」の見聞記です。

日本での任期を終え、本国に帰る準備をしていた大正十五（一九二六）年十二月二十五日、天皇崩御の知らせを受け、クローデルは滞在期間を延長し、翌年二月七日・八日の大喪の礼に、フランス代表特使として列席しました。その時の様子について、詳細に記述しています。

「死の使者たちがかなりの距離を置いてひとり、またひとりと、白木の鳥居の方へ進んでゆく。鳥居は、最後のひとつが月を取り囲むようにいくつか並べられているのである。いくつかの巨大な霊柩車が四頭の夜の動物に引かれて来る。動物たちの叫びや苦しげな軋みは、神道に用いる笛（時折、鼓の張りのある深々とした音をともなう）のピイピイという音によって引き継がれ、長く伸ばされているかのようだ。そして、笏を手にした三人の死の弔問者の後から、あの、明るくともされた篝り火、あまりに明るいために雪が燃えているのではないかと思われるような大きな篝り火が、ついで、祭壇のうしろに、あの世の巨大な車が引かれてくる。そして、召使たちが長い列をなして、厳かな死者に対し、最後の生の食物を給仕する。勅書が読まれ、深いお辞儀がなされる（ときどき、彼方から、凍てついた夜の中で、青銅の薄板の鳴る音がする）。次に、完全な沈黙。そして、つんざくようなトランペットの音が聞こえ、全員が頭を垂れる。近衛騎兵のファンファーレが鳴り響き、大砲の音が聞こえるが、夜のしじまの中で、ほとんど聞き取れない。――そして、終わりである。私にしてみれば、すべては、清浄と寒さの印象に要約されるものであった」

そして、大喪の礼に参列して彼自身が感じたことも多く記述しています。

「私は、日本人の心についての研究をものしたことがあるが、その頃には、日本人の心の特徴は、畏敬の念だという気がしていた。だが、その観念に、もうひとつ、清浄という観念を付け加えるべきであったかもしれない。これは、神道の倫理の一切をなしており、他のいかなる国民にも、これに匹敵するものは見出すことはできないのだ。死さえもが至上の浄化として存在するのである。この点からすると、凍てつき、星々が空を埋め、地上は雪で覆われているこの夜以上に、帝を埋葬するにふさわしい死衣はありえぬかもしれない。私がことのほか感銘を受けたのは、食物の儀礼の部分だ。食物が祭壇に並ぶまで、列席者が次々とそれを手渡し、また、同じような儀礼を経て、それらを持ち帰ってくる。ここに、世代から世代へと伝えられてゆく生命のシンボルを見るべきなのだろうか。それとも、死者と生者の交感を見るべきなのだろうか」

日本人でも気付きにくいことを、巧みな表現で示した上で、さらに次のように続けています。「一切が見事な秩序で定められているのだった。思うに、世界の他のいかなる国においても、何千人を含んでいながら、ひとりひとりの参加者がこれほど完璧にひとつの役を果たし、しかも、その役が参加者自身の中にしみこんでいるような宗教的、愛国的な儀式は見られないであろう。

新天皇をはじめとして、皇族や最高位の貴顕からもっとも身分の低い臣民に至るまで、死の前に頭をたれ、旅立つ主君にお辞儀をするために、日本中が動員されているのを、私は眼下にしているのだった。これが私の最後の日本の印象である。これなくしては、私の印象は、これほど、美しくも、荘厳でもなかったであろう」

大喪の礼に神聖なるものを感じるとともに、畏敬と清浄を併せ持つ日本人の心について、クローデルは深い感動を受けたのでした。

ところで、『天皇国見聞記』の冒頭には、「明治」という一節があります。激動の時代を潜り抜け、欧米列強の圧力から国を守り発展させてきた明治天皇が、後に御祭神として崇められ明治神宮に祀られていること、そして、明治天皇が眠る桃山御陵の様子を紹介しています。

「東京では、彼の名がとどめられた［明治神宮］。名とは、精神の名残りであり、支えであって、それこそが人間を呼び出すのであり、また、その名によって、彼から私たちへと記憶や会話や知識や知性が伝わるのだ。こうして、肖像も立像も立てないまま、彼を守るために、汚れのない白木を用いて寺が建てられた。白木は、樹皮の下にあって、木の中でももっとも変質せず、もっとも生な部分なのである。また、回りには、うっそうとした大庭園が造られた。保存のきかない樹皮をはいで作った巨大な幹の立つふたつの鳥居をくぐり、いきなり直角に折れる大きな道を通って、ひんやりとした芳香の漂う中を囲い地や中庭を抜けて行くと、参拝者は絹の帳の背後の玉座におわすお方の足下に達する。きめの細かい莫蓙の上に、慎ましい祈りやささやかな贖罪と同じ数ほどの銅と銀のおびただしい硬貨が散らばっている。これは、ここまで風に乗って運ばれてきた人間の森の何枚かの木の葉なのだ。天皇はそこにおわし、耳を傾ける。各人は自分の物語を語って聞かせ、彼に不平を漏らす。それというのも、臣下になされる過ちはとりもなおさず君主への侮辱でもあるからなのだ。役人に不満を言うべきことがあると、ここに来て訴える。労働者が主人と諍いをおこすと、彼らは代表団をここに送る。外交官や軍人が重要な使命から戻ると、報告に来る。あるいは感謝をしに来る。それが、ここなのだ」

当時、多くの国民が明治神宮の創建に参集し、荘厳な社殿が建設され、全国から献木を運び植樹し、鎮守の杜を創造するという巨大国家プロジェクトが実施されました。国民は御祭神に対する篤い崇敬心の中にも、親しみを感じて関わってきたことが、伝わってきます。

また、桃山御陵についても、次のように紹介しています。

「京都では、はるかかなた、いくつもの丘や森でできた障壁の麓を取り囲む長く続く一連の寺のうち、最後の寺の、年末には太陽のように赤くなる桃山の杉と楓の中に墓所［桃山御陵］がある。そこにもまた、もはや、どのような像もない。私は碑文さえも目にすることがなかった。そこには、木と太陽と沈黙があり、そして、私が花輪を捧げにうやうやしく進んでいる間も、背後には大和の生きた大平野が、輝く水脈と桑の木、茶の木、梨の樹檣、池、農園、工場をともなって現われるのだ。歴史の結び付いていない山や道の交差点など、ひとつとしてありはしない。記念物は何かしら青いものでできていた。それは土であった。建設されたのではなく、土地を形作っている土を、しかも、あらかじめ保存しておいた稀少な土を取ってきたものなのだ。それは、空の色をした小山であり、彎曲の完璧な硬玉の宝石だった。そして、思いに耽るかのような森の中、名の彼方に、聖なる安らぎの場があるのだ。そのすぐわきの、主人の足下には、良き僕であって、主人の後まで生きのびることを望まなかった乃木大将のつつましい墓がある」

桃山御陵の麓には、乃木神社があります。明治天皇崩御に際し、殉死した乃木希典大将とその御夫人を哀惜し、神として神社に祀り、明治天皇の御傍に鎮座されたことも、日本人の素直な感情の表れの一つと言えるでしょう。

そうした歴史なども踏まえつつ、クローデルは、天皇という御存在について、こう語っています。

「日本の天皇は魂のように現存する。彼は常にそこに居るものであり、いつまでも居続けるものである。正確にはそれがどのようにして始まったかは知られていない。だが、それがいつまでも終わらないであろうことは誰もが知っている。個々の行動を天皇に帰するのは不都合であるし、不敬でもあろう。彼は介入しない。民の問題に労働者のように口をさしはさみはしない。だが、彼がそこに居なければ、物ごとはそれまでのように立ちゆかなくなるであろうこと、たちまち物ごとが頓挫し、逸脱してしまうであろうことは知られるとおりである」

天皇は、歴史的に政治に直接関わることは多くありません。しかしながら、日本の国の中心として欠くべからざる御存在であるということを、彼は的確に捉えています。

「天皇は帝国を治めてはいない。それに耳を傾けているのである。天皇は、横からの光の中に座して待つ。彼の住まいは、雲と同じほどに白い屋敷のただ中にあって、彼の周りでは、しみひとつない紙の上に鳥や草木や水などの純粋な図柄が際限なく繰り返されて描かれ、不純なものを祓い浄めている」

天皇という御存在は、直接政治に関わるというよりも、清浄な場所から、常に国民を見守られ祈られてきたと捉えています。そうしたお姿が、詩のように美しい彼の文章から、とてもよく伝わってきます。

「日本人は、自然を屈服させるよりは自然に加わります」

クローデルは『天皇国見聞記』の中で、日本は世界のどの国にもない独自の文明を築いてきたことを、折に触れて強調しています。

「日本人は、数世紀にわたって、世界の他の部分といかなる接触もなしでいられることを見せつけてきた孤立した集団なのです。その国は、完璧に築き上げられ、飾り立てられた、一種の聖域であって、そこでは、一月の雪のころから、入梅の暖かい雨の下での土の奥深くで力がみなぎるころまで、そして、四月に薔薇が香気を放つようになってから、秋に燃えるような花が開くまで、一年中、色と豊穣の儀式が行事となって相次ぐのが見られるのです。日本人の生活というのは、家の伝統的な祭に加わる古い家柄の子供のように、この厳かな暦に参加することからなっている。日本人は、自然を屈服させるよりは自然に加わります。自然の行事に与り、自然を見てそれと同じことをします。自然の言葉と装いを補って、同じ時を生きるのです。人間と自然の間にこれほど緊密な知性が存在し、お互いの刻印をこれほど目に見える形で記しあっている国はどこを探してもありますまい」

「『古事記』と『日本書紀』は、民話と伝承が雑多に集められた叙事詩でありまして、まさしく、そこに含まれるのは、素朴で首尾一貫しない宇宙発生論を中心にして、その回りに歴史的事実をちりばめたものなのです。これほど大洋的であって、中国人の道学者的で衒学的な精神から程遠いものはありません。この頃から、このような日本の精神と日本の芸術の独自性が際立ってくるものでありまして、この独自性の存在に異議を差しはさむのは愚かというものです」

日本文化は中国文明の亜流として矮小化されることが多いですが、クローデルは日本文化を独自の価値を持つものとして捉えたのです。そして、こうした独自性を持つ日本人特有の行動を、クローデルは興味深く観察し、紹介しています。

「大事にしてきた動物が死んでしまったとき、それを寺に持ち込むと、僧が念仏を唱えてくれます。それがどんなにつまらぬものでも、消えて行くときに宗教による弔いに値しないような生命などない、というわけです」

「殺鼠屋が自分の店の製品で死んだ鼠のために、紙屋が使わなくなった筆のために、供養をしてもらう」

「先日新聞で読んで、何とも心やさしいことだと思ったことがあります。東京の木版画師の協会が、自分たちの芸術のために犠牲にしてきた桜の木に敬意を表して厳かな儀式を執り行ったというのです」

現在でも、特に大木を伐る前には木靈祭《こだまさい》を行うことがあります。また、神社の境内に筆塚があったり、地域によっては鶏肉となるブロイラー感謝祭があったりと、自然と生命に対する畏敬の念を表す祭りがあります。

古来、日本人は、全ての生きとし生けるものに対する畏敬の念を持っていました。他者の生命をいただかなくては、自らの生命を育むことはできません。そうした生命の繋がりを特に意識して生活してきたことが、とても神秘的で、独自の精神を育んだのかもしれないと、彼は感じていきます。

「私は不平の声ひとつ耳にしなかった」

また、それは生活の智慧にも反映されるものです。隣人と和を保って生活していくには、相手に対する配慮を大切にし、その心を型として整えた礼儀作法や言葉遣いなどを日本人は重んじてきました。

「日本語の文法は時制や確信度の違いによるのと同じくらい、尊敬や儀式性の度合に基づいています。私たちはその度合により、話し相手の格や私たちのいる環境に応じて言葉を用いることになる。日本語には、このような昔から続いてきた礼儀作法の痕跡をとどめています。付け加えておきますが、たとえ悪い見本を示されようと、これからも、私はみなさんの国の庶民の方々がこの礼儀正しさを失わないでいただきたい。たとえば、私たち西洋人がいつも驚くのは、御者が別の御者を追い越そうとして、パリやロンドンの街角のように口汚く罵るのではなく、許しを乞うように礼儀正しく挨拶することです」

「（日本人の神聖な内的感情について）贈り物や買ってきたものや小さな家宝などを箱や包みにくるむときの複雑な手並みの中にも見出せるのです」

私が小さい頃の話ですが、祖母は素敵な包装紙に包まれた贈り物などをもらうと、セロハンテープを綺麗に外して、綺麗に畳んで取って置いたのを思い出しました。昔の人は物を決して無駄にせず、大切にしたものです。茶碗に米粒を一粒でも残すと、よく叱られたりしたものでした。

さらには、この日本人特有の独自性は災害時にも特に現れるようです。クローデルは、駐日フランス大使として在任の大使館で、関東大震災に遭います。この時、火災に包まれた大使館で、ほとんど完成していた彼の大作『繻子の靴』も失います。

彼は、当時の横浜と東京の様子を本書の中で詳細に記録していますが、なかでも被災した直後の日本人の行動に驚愕しています。

「日本人は、家や家具を状況に適応させたのと同じように、心までも適応させてきたのだ。夜の東京、横浜間を長時間歩いた間も、生存者を収容する野営地で暮した間も、私は不平の声ひとつ耳にしなかった」

「残骸の下敷きになった犠牲者たちの叫びも、『ここだぞ、助けてくれ』というものではなく、『ドーゾ、ドーゾ、ドーゾ（お願いします）』という、慎ましやかな哀願だった」

平成二十三年三月十一日に発生した東日本大震災でも、被災した人々は誰に言われるまでもなく助け合いました。古来培われてきた日本人の心が、国難の時こそ現れた自然現象なのだと感じます。

詩人でもあるクローデルは、こうした日本での経験にも大きく影響を受け、近代西欧文明の合理主義的、物質主義的な考えを止め、人間と自然、宇宙、神が一体となって、交流交感するような本源的世界観を表現しようとしました。その代表作が、フランス帰国後に再び創り上げた『繻子の靴』です。クローデルは日本、日本人を愛して止まなかったのです。

25

「伊勢神宮こそ、全世界で最も偉大な独創的建築である」

ブルーノ・タウト（一八八〇〜一九三八）ドイツの建築家。「鉄の記念塔」「ガラスの家」「色彩建築」やベルリンの集合住宅の設計・建築で注目されたが、ナチス政権から逃れ、昭和八（一九三三）年、来日。伊勢神宮、桂離宮など日本の伝統的な建築の美をたたえ、研究書も多く残した。著書『忘れられた日本』篠田英雄編訳、中公文庫、二〇〇七年

ドイツの建築家ブルーノ・タウトが日本にやってきたのは、昭和八（一九三三）年のことです。彼は桂離宮や伊勢の神宮、飛騨白川村の農家や秋田の民家などに日本美の極致を見たことで知られ、彼が建築家の立場からこれらの作品に加えた評価により、本来の意味での「日本美の再発見」がされたとも言われています。タウトは日本に関わる著作として版を重ねた『ニッポン』をはじめ、『日本文化史観』『日本の家屋と生活』などを著しましたが、本章で扱う『忘れられた日本』は、訳者の篠田英雄氏がタウトの没後、十五編の文章を集め、昭和二十七年に

出版したものです。

さて、タウトが来日した理由の一つは、祖国からの亡命でした。当時のドイツの情勢は、ナチス・ドイツが政権を握った頃でした。彼は、ベルリンでジードルングと呼ばれる集合住宅の建築に携わりますが、当時のドイツでは、大衆の便を図ろうとすることは社会主義的だと見なされる傾向がありました。また、ソビエト連邦のモスクワ市庁に招かれて建築設計に携わったことも、ナチス政権から危険視される原因になったと言われています。

ちなみに、建築学者でお茶の水女子大学名誉教授の田中辰明氏によると、二〇〇八年にベルリンのジードルングの六件が、「ベルリンのモダニズム集合住宅群」としてユネスコの世界文化遺産に登録され、そのうち四件がタウトの作品だったそうです。

有能な建築家だったタウトですが、日本滞在中は建築分野で活躍の機会には恵まれませんでした。唯一、彼が日本で手掛けた建築物は、熱海にある実業家・日向利兵衛の邸宅のみです。

それでも、彼は各地で講演や執筆活動を行い、百数十点の工芸品のデザインを残しました。なかでも、群馬・高崎の人達のために熱心に指導した竹皮細工は、現在でも群馬の重要な伝統工芸品の一つになっています。

「桂離宮のようなものは、全世界に絶対に存在しない」

　タウトは『忘れられた日本』の中で、来日してすぐに桂離宮を訪れたことを最大の幸福だと言った上で、その印象を語っています。

「第十七世紀に竣工したこの建築物こそ、実に日本の典型的な古典建築であり、アテネのアクロポリスとそのプロピレアやパルテノンにも比すべきものである。私は日本を訪れる数週間前に、旅行の途次たまたまギリシアのアクロポリスを観ているので、両者から受けた印象が実によく似通っていることを断言できる。アクロポリスでもまた桂離宮でも、そこに見られるものは数世代を経て洗練を重ねた結果、特殊なもの偶然的なものを悉く脱却した純粋な形式である。即ちアクロポリスでは石造建築の、また桂離宮では木材と紙及び竹を用いた建築の、それぞれ見事に完成せられた技術にほかならない。従って両者はいずれも円熟の極致に達しながら、しかも同時にまた小児のごとき純真無邪の特性を具えている」

　このように彼は、桂離宮を絶賛したのですが、一方で日光東照宮のような派手な建築物はひどく嫌いました。

「(世界で)日光がいかに評判の観物であるにせよ、諸国の名所に比べれば全く物の数でないことが判る。そうだとしたら、日光を見物するためにわざわざ日本へやって来るのは無駄骨折だということになる」

「桂離宮のようなものは、全世界に絶対に存在しないのである。これこそ純粋の日本であり、またかかる小日本ともいうべきものが日光と同時代に建築せられたからこそ、尚さら歎賞に値するのである。まことに桂離宮は、世界的意義を有する業績である」

日光の人達にとっては気分の悪い話ですが、このような見方の背景には、大きく言って二つの彼の価値基準があります。一つは、本質を追求するがゆえに、「いかもの」や「いんちき」を嫌うという点です。「いかもの」「いんちき」とは何でしょうか。本書の中には、章立してその解説があるほど、これはタウトにとって極めて重要な価値観なのです。

「いかものに相当するドイツ語は『キッチュ　Kitsch』であり、この日本語とまったく同じ意味内容をもっている。即ち芸術たることを欲しながら、遂に芸術たり得ないような『芸術』を意味する。何故だろうか。それは芸術的意図が、本質的でないもの――例えば特殊な感情とか情熱とかによって擾《みだ》されるからである」

「いんちきという言葉には、ドイツ語の『ティンネフ　Tinneff』という語がぴったり一致する、つまり一種の詐欺であり、安っぽい間に合せもので本物と同じ効果を挙げようとするごまかしである。それだからいんちきという言葉はいかもののように芸術にだけ関係するのではなくて、日常生活におけるいろいろなごまかしについても用いられる」

さらに、タウトのもう一つの価値基準として、その土地に適合した釣り合いを重視し、簡素なものの中に豊富さや美しさを見出すということがあります。その最も代表的な例の一つとしても、桂離宮は挙げられています。

「御庭全体を見渡す豊富な眺めは、古書院控えの間（二の間）の前に設けられた月見台からしか見られない（向いの島のなぞえに一基の燈籠があり、その燈火は夜の蛍を誘いよせ、池水に映る蛍の光は月見台から賞翫《しょうがん》されるのである）。これに反して新書院の御居間に面する御庭には、簡素な芝生と樹木とがあるだけで、造園術らしいものは何ひとつ見られない。他奇なき日常生活においては、佳麗な眺めが絶えず眼前に遥曳することは、貴重すぎると考えられたからであろう。或はまた簡素な起居の安らかな落書きを擾さぬためであったかも知れない。ここの御庭には、庭石ひとつ置いていない、――凡そ『造園術』らしいものは全く用いられていないのである。すべては、芝生と果樹としかない農家の庭を偲ばせる。いう迄もなく日本の天皇におかせられてこそ、このような簡素極まりなき芸術を成熟せられ得たのである。私は桂離宮のこの部分ほど『造園術』の皆無な日本庭園を未だ會つて見たことがない」

桂離宮は江戸時代初期、八条宮智仁親王と智忠親王によって造られました。その庭園は日本庭園として最高のものと言われています。

一方、タウトは後にユネスコの世界文化遺産に登録されるほどの建築物を残すなど、優れた建築家でしたが、桂離宮の御殿について絶賛しています。

「桂離宮の御殿と御庭とは一の渾然たる統一体であり、人馴れた蜥蜴《とかげ》や雨蛙、亀のような動物までもこれと一体をなしている、御殿入口の前庭にある建物（附属舎）は、いかにも趣深いものであるが、それは芸術史の諸著の示す概念に従えば、恐らく建築と称し難いものであろう。ところがここに取りつけられている竹の軒樋と竪樋とは、実用的な必要を充していると同時に、また見事な建築様式なのである。単に実用的でありさえすればよいという素朴な立場から見ても、機能主義はここで間然するところなく実現されているのである。現代の建築家は、桂離宮がこのうえもなく現代的であることに驚異をさえ感ずるであろう。実にこの建築物は、種々な要求を極めて簡明直截に充たしているのである」

「部屋そのものの調和的な落書きは、とうてい言葉で言い現わすことができない。わずかに用材、壁塗、極めて控え目な襖絵、また襖絵のないところでは襖紙——これらのものの見事な調和を語るのがやっとである。外国人の眼に希代に思われるのは、障子を閉めきった部屋は深い静けさを湛えているのに、障子をあけると『絵』のような庭があたかも家屋の一部ででもあるかのように、突然私達の眼前に圧倒的な力をもって現出することである」

「うまく言えないが、シンプル・イズ・ベストがここにある！」とでも言わんばかりのタウトの絶賛の声が聞こえてくるかのようです。

「伊勢神宮こそ、全世界で最も偉大な独創的建築である」

もう一つ、タウトが日本の最高傑作の一つとして、高く評価した建築物がありました。それは、伊勢の神宮です。

「日本がこれまで世界に与えた一切のものの源泉、全く独自な日本文化をひらく鍵、完成せる形のゆえに全世界の賛美する日本の根源――それは外宮、内宮及び荒祭宮をもつ伊勢である」

伊勢の神宮と言えば、二十年に一度、社殿と神宝を新調し、大御神に新宮にお遷り戴く式年遷宮が行われることで有名です。この式年遷宮は、千三百年に亘り、常に瑞々しい社殿で、永遠に変わらない祭りがされてきたことに、大きな意義があります。

そして、タウトほどこの伊勢の神宮の真髄を理解した外国人は、ほとんど見当たりません。タウトの著作を読む限りでは、彼は伊勢の神宮が日本人にとって特別な存在であること、それのみならず日本文化の核心であることを的確に捉えているように思えます。

「日本人はこれらの神殿を日本国民の最高の象徴として尊崇している。まことに伊勢神宮こそ真の結晶物である」

「伊勢神宮の意義は、日本の全国の崇敬の対象であるとか、また参拝の人々が陸続として絶えないというだけに止るのではない、御造営の精神――即ちここに示された考え方に、まったく独創的なものが開顕せられているのである」

タウトが世界的価値のある建築物を知悉していたことは、先に紹介しましたが、ここでも彼はそうした視点から、神宮を高く評価しています。

「伊勢神宮こそ、全世界で最も偉大な独創的建築である。壮麗きわまりなきキリスト教の大聖堂、回教寺院、——インド或はシャム、シナ等の寺観や塔などを思いうかべてみるがよい！　伊勢神宮はこれらのものとはまったく類を異にしている。更にまたギリシアを考えてみてもよい、ギリシアの諸神は、人間を天上の美によって表現したものである。アクロポリスのパルテノンは、今日でもなお当時のアテネ人が叡智と知性とを象徴するアテネ神に捧げた神殿の美を偲ばしめるに足りる。パルテノンは大理石をもって、また伊勢大神宮は木材をもって最高の美的醇化を達得した。しかしたとえパルテノンが現在のような廃墟にならなかったとしても、今日ではもはや生命のない古代の記念物にすぎないであろう」

また伊勢の神宮はなぜ美しいのか、その理由についても語っています。

「伊勢神宮では、知性は少しもいらだつことがない、ギリシア建築におけると同じく、荷重とそれを支持する力とはこの上もなく単純明快に表現せられているし、また厚い萱葺屋根も棟の形式もあくまで簡明直截だからである。御門では屋根組の内部まではっきり窺うことができる、しかもかかる合理性の故にまた限りなく美しいのである。種々な構造要素の結合は、これ以外に決してあり得ないと思われるほど単純である。同じことはまた玉垣についても言い得る、浄滑な柱と板とだけから成る簡素な構造に、最高の古典美が表現されているのである。我々の知性はここで、或は用材が厚すぎるとか或は棟の先端に交叉している千木が長すぎるとかいうことを問う必要がない。我々は、一切の目的が美的に充足せられているのを見るだけであり、また理性もこれに対して『然り！』と肯定するのである」

「この概念を表現するには『キレイ』という日本語が最も適切である。この言葉は『清らかさ』と『美しさ』とを同時に表現しているからである」

さらには、伊勢の神宮が、古来変わらない姿で日本人に尊崇されてきた最大の理由について、彼は深い洞察で語っています。

「伊勢神宮は『神』ならぬ諸神の棲処ではない。実際、何人も神々の姿などを思い浮かべてはいないのである。伊勢の内宮と外宮とは、実に日本の農民精神を籠めた聖櫃であり『神殿』である。日本には到るところに小さな社殿とこれに附随する拝殿とがあって、伊勢神宮に具現せられた精神をさながらに顕示している。この精神は、日本民族の行動の一切を貫いている簡明な原理であり、これによって過ぎ去りゆくものの醇化が成就せられるのである」

伊勢神道の根幹である『神道五部書』の一つ『倭姫命世記』に、「元元本本」という教えがあります。「はじめをはじめとし、もとをもととなす」とも読み、「不自然なことをせず自然なことをして、また常に初めを意識して初めに戻りなさい」という意味でもあります。

まさに、この精神性は桂離宮や伊勢の神宮の中に表現されているのではないでしょうか。タウトは「元元本本」の思想を知っていたわけではありませんが、彼は建築家として同じ景色を見ていたようです。

「神道は、原始日本のあくまで独創的な創造である」

建築家ブルーノ・タウトは、来日して桂離宮や伊勢の神宮、様々な農家などの建築物を見て、造形に感銘しました。しかし、それだけでなく、その中にある精神性にまで注目しました。そして、その精神性こそが神道であることを悟り、短期間に多方面から神道を研究しました。タウトの著作を読むと、これほどまでに神道を理解し表現した外国人は、殆どいないのではないかと感じます。

彼の専門分野である建築に関する記述から見てみましょう。

「神社の建築様式にも固定した型というものがなく、その変化にいたっては実に無限である。即ち高い山とか、平野のなかの村や町のはずれにある鬱蒼とした大樹の下などに建立せられた大きな社殿から、町や村のふとした片隅の樹下に見かける小社殿、また庭園や百貨店或はビルジングの屋上庭園に設けられた私祭の社殿、更にまた室内の神棚に安置せられたささやかな社殿、例えば店内に客席と調理場とをもつ小料理店に祀られた模擬社殿、一般の家庭の台所に設けられた神棚の上の小社殿（そこには便腹豊頬《べんぷくほうきょう》の福徳神に小さなお供え物が上げてある）にいたるまで、実に種々様々である」

現代にも受け継がれる神社建築は、多種多様な様式があり、人々が家庭などでお祀りする場所においても多様性があります。

例えば、伊勢の神宮のような「神明造」と言われる穀倉を原型とした社殿があったり、出雲大社のような「大社造」と言われる住居を原型とした社殿様式があります。他にも、「権現造」や「日吉造」、「流造」や「浅間造」など、御祭神や創立する時代背景などに影響されながら様々な神社建築様式が誕生しました。

また、社殿だけではなく、鳥居や狛犬などの構造物についても、同様のことが言えます。ましてや、一般家庭や店舗などで祀られる神社の形態まで目をやると、まさに日本は至る所に八百万神が存在し、多種多様であることは間違いありません。そのことをタウトは正確に捉えているのです。

次に「神道とは何か」ということについて考察した文章を見てみましょう。

「神道は、原始日本のあくまで独創的な創造である、その起原は二千年以前に遡りいかなる国ともまったく関係のない独自の思想である。神道（神々の道）は、元来祖先崇拝という単純な内容をもち、それが天皇を中心として結晶するとともに、日本人相互の間に、また日本人とこの国土との間に、独自の結合を生じた」

タウトはまた「宗教としての神道」という観点から、興味深い観察をしています。

「宗教としての神道は、遥かに深い道徳を説く諸他の宗教に比すれば、確かに内容が豊富であるとは言い難い。さればこそ個人的な苦悩を懐く人々は、救済の手をさしのべている仏教や、またのちには基督教に或る程度の満足を求め得たのである」

しかし、タウトは同時に仏教や基督教は「陰鬱な性質」を持っているとも指摘し、その性質は「ひとたび日本に入ってくると、いつの間にか変容」したというのです。その変容をもたらしたのが他ならぬ神道でした。

「日本人の創造した神道に表現せられている明朗な自然観と社会観とは、外来宗教の持つ陰惨な威嚇を却って自己の心的生活を安穏ならしめる平安に変じたのである」

タウトは続けます。

「他方、日本人は神道においても絶えず新たな創造をつづけてきた。単純なもののうちに偉大な創造力と強靭な弾力性とが包蔵せられているという事実は、まさにその適例である。日本文化を批評する人々は、このような現象そのものを深く探究してみなければならないであろう。余り文献の研究にのみ没頭しないで、神道が日本国民の生活全体のうちに表現している無限の変化を、自己の眼をもって看取しなければならない。そうしたときに初めて批評家たちは、日本文化がこれまで顕示してきた力が何に因由するかを発見し、また最も単純なものこそ最も豊富な内容の創造者であることを知るであろう」

さらに、このようなタウトの深い洞察は、日本人でも表現が困難であろう他界観にまで及びます。他界とは、この世とは別の世界のことですが、日本人にとって他界とは天国のような遠く懸け離れたものでもないのです。例えば、山や海から魂をいただき、死ぬと山や海に魂が還っていくという民話が日本全国に残っているのは、現世に並行したところに魂が存在しているという感覚があるからだと想像されます。タウトは当時の墓地に着目し、そのことを的確に解説しています。

「日本人の墓地は、手入れがゆき届いているという印象を与えない。むしろ自然の手に委ねられて、いつかは自然のなかにそのまま解消してしまう運命をもっているような趣がある。ことに田舎の墓地は境界がはっきりせず、どこかの片隅とか樹の下とかに散在しているので、そのまま風景と融合して、いわば死者が風景のなかに吸収せられているのである。汽車で通り過ぎると、墓地らしいものは一向眼につかない。しかし眼が、日本家屋のもつ意味や農民の様々な生活行事に馴れてくると、——つまりこの国土について幾許かの知識をもつようになると、そこで初めて日本の風景に含まれているこのような細部が、非常にこまかい心遣いと控え目な態度で取扱われているのに気がつくのである」

タウトは、当時の田舎の墓地に、現世と他界との間にはっきりとした境がなく、人々が意識していなくとも自然と一体化している様子を見ました。彼はこれも神道と感じたのではないでしょうか。

日本人はよく自分は無宗教だと言う人が多いように思えますが、本当にそうでしょうか。実は、無意識のうちに生活習慣の中に神道があり、タウトの言うように、日本人の生き方や生活・文化そのものが神道である、と捉えるならば、これほどまでに信仰心の篤い民族はいないのではないかと私は思います。

現代の私達の生活でも、少しだけ意識してみると、その痕跡はたくさん見つけることができます。日本人の生き方の基本には「未来がどうであろう、過去がどうであろうとかにこだわり過ぎず、先ずは自分が生かされて、今この時代を人間としてどう一生懸命生きていくか」という神道の「中今《なかいま》」の思想があります。このように常に前向きであれという思想が根底にあるがゆえに、震災やコロナ禍という国難に直面しても、ワンチームで乗り越えようという姿がわれわれの前に現れてくるのではないでしょうか。

あとがき

本書では、幕末以降に来日した外国人が見た美しい日本の自然風景をはじめ、日本人の生活の中にある素晴らしさを紹介しました。対外窓口を限り国際交流が活発ではなかった江戸時代、日本は世界に類を見ない高度な独自文化を醸成させ、非文明国だと思って来日した外国人たちに驚きを与えました。

こうした高度な文化を醸成することが出来たのは、日本人の気質に由来するものですが、私はこの気質は現代の日本人にも息づいていると考えています。それは、東日本大震災の時の国民の対応を見たからです。家が流されても家族を失っても、互いに助け合い苦難を乗り切ろうと、悲痛の中を復興への希望の光を見ながら、多くの人々が高度な精神性を持って行動しました。

私の故郷、岩手県陸前高田市に鎮座する月山神社も約二百名を預かる避難所になりました。震災から一週間後に実家に行った際、母はそうした避難所の人々の様子をみて「これこそがイーハトーヴだ」と言いました。イーハトーヴとは、岩手の詩人、宮沢賢治が言った言葉で、賢治の描く理想郷を意味します。

日本人は古来、自然との共生バランスを大切にして生きてきました。自然は人々に多くの恵みをもたらしますが、時には人間にとっての災害を引き起こすこともあります。またそうした災害は、人間が自然を開発し過ぎた時にも発生します。

　私は東日本沿岸に行った際、数百年前の地形に逆戻りしたと感じました。想定外の災害が起きてしまったことは辛いことですが、これからの町は今まで以上の町になるように、東北沿岸の自然風景と歴史を活かした復興事業をするべきだと考えていました。ところが、結果的には、山々を削り宅地を造成し、その土砂で平地を嵩上げし、沿岸には高いところで十五メートルのコンクリート防潮堤を建設しました。コンクリート防潮堤建設で夥しい量の支持杭を打ったため、山から里、海へと繫がる地下水脈は断たれ、湾内に湧き出るミネラル豊富な地下水に影響したのか、以前ほど海藻が生い茂らない海となり、少なからず海産物に影響を与えています。これは、自然を開発し過ぎたことで、人と自然との共生バランスを崩してしまったからと言えるのではないでしょうか。

　私のところには、時々外国人の学者や記者や学生が取材にやって来ます。神職である私に例えばＳＤＧｓ（持続可能な開発目標）について神職が果たすべき役割を聞かれます。私は、「鎮守の杜」に答えの一つがある、と答えます。

「鎮守の杜」とは、何百年もの間、その地域に住む多くの動植物たちによって大切に保たれてきた生命の宝庫。この美しい森には、多様な在来の貴重な生物たちが住んでいます。

　古来、日本人は鎮守の杜から、人と人、人と自然が調和を保ち、共存する智慧を学んできました。しかし、現代社会では、人間による自然の開発が急速に進んだことで、地球環境問題や人間同士の利益追求の争いが続いています。

鎮守の杜は、さまざまな生き物たちが、調和を保ちながら共存する素晴らしいお手本であり、この森は、私たちに自然との共生の大切さを教え、和の心を育んできました。人々はこの鎮守の杜に神聖さを感じ、神々に感謝の意を捧げ、この土地での生活の安寧を祈りました。

ゆえに、神社と鎮守の杜は互いに無くてはならない関係でもあり、日本全国身近にあるこの森を、これからも守り伝えていかなければならないと感じています。

私は、多くの日本人が自らの持つ素晴らしさに気付いていないだけだと感じています。言い換えれば、気付いていないがゆえに、本来日本人が現代の世界の中でもっと果たすべき役割、期待されている役割があるにもかかわらず、果たせていないのではないかとも考えています。

日本を、日本人をもっと元気にしたい。そして、国際教養人として、もっと活躍して世界に平和をもたらしてもらいたい。そうした思いから本書を出版するに至りました。

最後になりますが、本書は平成二十八年九月より令和四年九月まで、日本政策研究センターの月刊誌『明日への選択』に連載した「原典で読む外国人が見た日本」を基にまとめたものです。センターの皆さまをはじめ、特に元『明日への選択』編集長の新井大智さんのご指導あってこそ、私は六年間に亘り六十九回の連載を継続することが出来ました。

また、この度の本書の出版にあたっては、株式会社育鵬社副編集長の山下徹さんより格別のご高配を賜りました。

この場をお借りして、関係者の皆さまに深く感謝申し上げます。

そして、最後までお読みいただきました読者の皆さまに、重ねて御礼申し上げます。ありがとうございました。

令和五年十一月

高橋知明

本書は、月刊情報誌『明日への選択』（日本政策研究センター）の連載「原典で読む外国人が見た日本」（平成二十八年九月号〜令和四年九月号）を加筆・修正したうえ、「マシュー・C・ペリー」を加えたものである。

◉参考文献

1　マシュー・C・ペリー

サミュエル・ウェルズ・ウィリアムズ著、洞富雄訳『ペリー日本遠征随行記』講談社学術文庫、二〇二二年
加藤祐三著『黒船前後の世界』ちくま学芸文庫、一九九四年
加藤祐三著『幕末外交と開国』講談社学術文庫、二〇一二年
井上勝生著『開国と幕末変革』講談社学術文庫、二〇〇九年
井上勝生「『万国公法』と幕末の国際関係」、『日本の近世18　近代国家への志向』中央公論社所収、一九九四年
小松正之著『クジラ　その歴史と科学』ごま書房、二〇〇三年
小松正之「太平洋を取り巻く国々と私　第1回　太平洋と私」二〇一四年八月二十三日、http://www.ykawashima.co.jp/ttw/ttw001.html、最終アクセス令和五年九月十日
西川武臣著『ペリー来航――日本・琉球をゆるがした412日間』中公新書、二〇一六年
伊藤哲夫「ペリー来航・危機を改革に転じた当事者たち」、『明日への選択』令和五年五月号所収、日本政策研究センター
岡田幹彦「終戦六十年を迎えて・上」、『明日への選択』平成十七年八月号、日本政策研究センター
村井淳志「『ペリー来航』時の日本側の対応は、限られた条件の下で、一定の外交的勝利と評価できる」、『社会科教育』二〇一〇年二月号所収、明治図書
村井淳志「『墨夷応接録』の現代語訳がないことが、ペリー来航の虚像をのさばらせている原因では?」、『社会科教育』二〇一二年三月号所収、明治図書
村井淳志・石垣孝芳「歴史教科書『ペリー来航』像の虚実を問う　米側史料『日本遠征記』の過剰と日本側史料『墨夷応接録』の不在」、『金沢大学人間社会学域学校教育学類紀要』平成二十七年第七号所収
森田健司編訳・校注・解説『現代語訳　墨夷応接録――江戸幕府とペリー艦隊の開国交渉』作品社、二〇一八年

桐原健真著『吉田松陰――「日本」を発見した思想家』ちくま新書、二〇一四年
桐原健真著『松陰の本棚――幕末志士たちの読書ネットワーク』吉川弘文館、二〇一六年
栗田尚弥「葉山佐内の思想に関する一考察――「思想家」吉田松陰誕生前史」、『法学新報』121巻9・10号所収、中央大学法学会、二〇一五年
岩下哲典著『幕末日本の情報活動――「開国」の情報史 改訂増補版』雄山閣、二〇〇八年
浦野起央著『日本の国際認識――地域研究250年 認識・論争・成果年譜』三和書籍、二〇一八年
日本政策研究センター編『吉田松陰』日本政策研究センター、二〇〇五年
山口県教育会編『吉田松陰全集 第二巻』大和書房、一九七三年
山口県教育会編『吉田松陰全集 第五巻』大和書房、一九七三年
山口県教育会編『吉田松陰全集 第九巻』大和書房、一九七四年
山口県教育会編『吉田松陰全集 別巻』大和書房、一九七四年
樋口清之著『梅干と日本刀―日本人の知恵と独創の歴史―』祥伝社、一九七四年
江戸遺跡研究会編『江戸の上水道と下水道』吉川弘文館、二〇一一年
堀口茉純著『江戸はスゴイ』PHP新書、二〇一六年
渡辺善次郎「『世界の和食』はいかにして成立したか③」、『明日への選択』平成二十五年二月号所収、日本政策研究センター

2 タウンゼント・ハリス

坂田精一著『ハリス 新装版』吉川弘文館、一九八七年
井上勝生著『開国と幕末変革』講談社学術文庫、二〇〇九年
石井孝著『日本開国史』吉川弘文館、二〇一〇年
武田晴人「『両』制度の崩壊――幕末の金流出」、『にちぎん』No.18 二〇〇九年夏号所収、日本銀行

3　リッダー・ホイセン・ファン・カッテンディーケ

藤井哲博著『長崎海軍伝習所――十九世紀東西文化の接点』中公新書、一九九一年
金澤裕之著『幕府海軍の興亡――幕末期における日本の海軍建設』慶應義塾大学出版会、二〇一七年

4　ローレンス・オリファント

飯田鼎著『英国外交官の見た幕末日本』吉川弘文館、一九九五年
伊藤一哉著『ロシア人の見た幕末日本』吉川弘文館、二〇〇九年

5　ラザフォード・オールコック

飯田鼎著『英国外交官の見た幕末日本』吉川弘文館、一九九五年
岡本隆司著『ラザフォード・オルコック――東アジアと大英帝国』ウェッジ、二〇一二年
佐野真由子「幕末、初代駐日英国公使オールコックの富士登山」、『環』二〇一三年九月号所収、藤原書店

6　ロバート・フォーチュン

白幡洋三郎著『プラントハンター』講談社学術文庫、二〇〇五年
サラ・ローズ著、築地誠子訳『紅茶スパイ――英国人プラントハンター中国をゆく』原書房、二〇一一年
アリス・M・コーツ著、遠山茂樹訳『プラントハンター東洋を駆ける』八坂書房、二〇〇七年

7　ルドルフ・リンダウ

中井晶夫著『初期日本＝スイス関係史』風間書房、一九七一年
松原久子著、田中敏訳『驕れる白人と闘うための日本近代史』文春文庫、二〇〇八年
松浦光修「明治維新とは何だったのか」、『明日への選択』平成三十年一月号所収、日本政策研究センター
武田晴人「『両』制度の崩壊――幕末の金流出」、『にちぎん』No.18　二〇〇九年夏号所収、日本銀行

8 ラインホルト・ヴェルナー
『江戸東京学事典 新装版』三省堂、二〇〇三年
田中英道「北斎はなぜこんなに愛されるのか」、『明日への選択』平成三十年五月号所収、日本政策研究センター
稲賀繁美著『日本美術史の近代とその外部』放送大学教育振興会、二〇一八年

9 ニコライ
伊藤一哉著『ロシア人の見た幕末日本』吉川弘文館、二〇〇九年
岡田幹彦「終戦六十年を迎えて・上」、『明日への選択』平成十七年八月号、日本政策研究センター
平川新著『戦国日本と大航海時代――秀吉・家康・政宗の外交戦略』中公新書、二〇一八年
10 アルフレッド・ルサン
岡田幹彦著『維新の先駆者』日本政策研究センター、二〇一〇年
林房雄著『大東亜戦争肯定論』番町書房、一九六四年
アーノルド・トインビー著、黒沢英二訳『文明の実験――西洋のゆくえ』毎日新聞社、一九六三年
野口武彦著『長州戦争――幕府瓦解への岐路』中公新書、二〇〇六年
郡司健著『幕末の長州藩――西洋兵学と近代化』鳥影社、二〇一九年
小川亜弥子「長州藩の洋式軍艦建造」、有坂隆道・浅井允晶編『論集 日本の洋学 Ⅲ』清文堂出版所収、一九九五年

11 エメェ・アンベール
エメェ・アンベール著、高橋邦太郎訳『続・絵で見る幕末日本』講談社学術文庫、二〇〇六年

12 ハインリッヒ・シュリーマン
H・シュリーマン著、池内紀訳『古代への情熱』小学館、一九九五年
『江戸東京学事典 新装版』三省堂、二〇〇三年

神保五彌「近世町人の美意識」、『講座日本文学の争点4 近世編』明治書院所収、一九六九年

13 V・F・アルミニヨン

横浜開港資料館「イタリア使節アルミニヨンと神奈川台場」、「開港のひろば」第89号（二〇〇五年八月三日発行）、http://www.kaikou.city.yokohama.jp/journal/089/089_03.html、最終アクセス二〇二三年九月十日

14 アルジャーノン・B・ミッドフォード

橋本左内著『啓発録』講談社学術文庫、一九八二年
ドナルド・キーン著『明治天皇 上巻』新潮社、二〇〇一年
福地重孝著『孝明天皇』秋田書店、一九七四年
武田秀章「皇室伝統を一身に体現された明治天皇」、『明日への選択』平成二十四年九月号所収、日本政策研究センター
伊藤哲夫著『明治の政治家たち』日本政策研究センター、二〇二三年

15 レフ・イリイッチ・メーチニコフ

レフ・イリイッチ・メーチニコフ、渡辺雅司訳『亡命ロシア人の見た明治維新』講談社学術文庫、一九八二年

16 エドワード・S・モース

依田徹「廃仏毀釈と文化財保護」、野村朋弘編『伝統を読みなおす4 文化を編集するまなざし―蒐集、展示、制作の歴史』京都造形芸術大学東北芸術工科大学出版局藝術学舎所収、二〇一四年
今井祐子著『陶芸のジャポニスム』名古屋大学出版会、二〇一六年

17 イザベラ・バード

宮本常一著『イザベラ・バードの旅「日本奥地紀行」を読む』講談社学術文庫、二〇一四年
金坂清則著『イザベラ・バードの旅の世界―ツイン・タイム・トラベル』平凡社、二〇一四年
牧野陽子著『ラフカディオ・ハーンと日本の近代―日本人の〈心〉をみつめて』新曜社、二〇二〇年

18

アーネスト・F・フェノロサ

アーネスト・フランシスコ・フェノロサ著『浮世絵史概説』新生出版、二〇〇八年

依田徹「廃仏毀釈と文化財保護」、野村朋弘編『伝統を読みなおす4 文化を編集するまなざし——蒐集、展示、制作の歴史』京都造形芸術大学東北芸術工科大学出版局藝術学舎所収、二〇一四年

久野健・辻本米三郎著『奈良の寺5 法隆寺 夢殿観音と百済観音』岩波書店、一九九三年

辻惟雄、泉武夫、山下裕二、板倉聖哲編『日本美術全集9 水墨画とやまと絵 室町時代』小学館、二〇一四年

辻惟雄、泉武夫、山下裕二、板倉聖哲編『日本美術全集13 宗達・光琳と桂離宮 江戸時代2』小学館、二〇一三年

辻惟雄、泉武夫、山下裕二、板倉聖哲編『日本美術全集15 浮世絵と江戸の美術 江戸時代4』小学館、二〇一四年

田中英道著『日本美術全史——世界から見た名作の系譜』講談社学術文庫、二〇一二年

田中英道著『葛飾北斎本当は何がすごいのか』育鵬社、二〇一八年

島尾新著『もっと知りたい雪舟』東京美術、二〇一二年

仲町啓子監修『すぐわかる琳派の美術』東京美術、二〇〇四年

外務省ホームページ「次期パスポートの基本デザイン決定」平成二十八年五月十八日、https://www.mofa.go.jp/mofaj/press/release/press4_003309.html、最終アクセス二〇二三年九月十日

19

オットマール・フォン・モール

今泉宜子、山﨑鯛介、メアリー・レッドファーン著『天皇のダイニングホール——知られざる明治天皇の宮廷外交』思文閣出版、二〇一七年

宮内庁侍従職監修『あゆみ——皇后陛下お言葉集 改訂増補版』海竜社、二〇一九年

伊藤哲夫著『明治憲法の真実』致知出版社、二〇一三年

20

エリザ・R・シドモア

外崎克久著『ポトマックの桜——津軽の外交官珍田夫妻物語』サイマル出版会、一九九四年

鈴木誠監修、日米さくら交流100周年記念事業実行委員会編『荒川堤の桜――日米さくら交流のふるさと』東京農業大学出版会、二〇一二年
外務省ホームページ「日米桜寄贈100周年」平成二十四年十月、https://www.mofa.go.jp/mofaj/area/usa/sakura100.html、最終アクセス二〇二三年九月十日
『日本の染織11 西陣織―世界に誇る美術織物―』泰流社、一九七七年
切畑健・文、松尾弘子・写真『岩波グラフィックス34 西陣織―伝承の技―』岩波書店、一九八六年
長谷川淑子著『七宝焼』美術出版社、一九八六年

21

小泉八雲

牧野陽子著『ラフカディオ・ハーン――異文化体験の果てに』中公新書、一九九二年
平川祐弘・牧野陽子著『神道とは何か――小泉八雲のみた神の国、日本 日本語と英語で読む』錦正社、二〇一八年
牧野陽子「ラフカディオ・ハーンが見た神々の国・日本」、『明日への選択』平成三十一年二月号所収、日本政策研究センター
角田忠信「涙も笑いも左脳の日本人」、木原武一編『講義のあとで 3』丸善所収、二〇〇九年
岡田幹彦「大津事件と畠山勇子」(上下)、『明日への選択』平成三年十二月号～平成四年一月号所収、日本政策研究センター

22

スタンレー・ウォシュバン

中央乃木會編『乃木将軍揮毫の碑』中央乃木會、二〇〇五年
桑原嶽著『乃木希典と日露戦争の真実――司馬遼太郎の誤りを正す』PHP新書、二〇一六年
岡田幹彦著『乃木希典――高貴なる明治』展転社、二〇〇一年
別宮暖朗著『旅順攻防戦の真実――乃木司令部は無能ではなかった』PHP研究所、二〇〇六年
司馬遼太郎著『坂の上の雲 新装版』3巻～5巻、文春文庫、一九九九年

23

ヴェンセスラオ・デ・モラエス

岡田幹彦「モラエスの見た日本」、『明日への選択』平成八年十一月号所収、日本政策研究センター

林啓介著『「美しい日本」に殉じたポルトガル人――評伝モラエス』角川選書、一九九七年
岡村多希子著『ポルトガルの友へ――モラエスの手紙』彩流社、一九九七年
岡村多希子著『モラエスの旅――ポルトガル文人外交官の生涯』彩流社、二〇〇〇年
新田次郎・藤原正彦著『孤愁〈サウダーデ〉』文藝春秋、二〇一六年

24 ポール・クローデル

ポール・クローデル著『朝日の中の黒い鳥』講談社学術文庫、一九八八年
ポール・クローデル著『孤独な帝国日本の一九二〇年代 ポール・クローデル外交書簡一九二一―二七』草思社文庫、二〇一八年
稲賀繁美著『日本美術史の近代とその外部』放送大学教育振興会、二〇一八年

25 ブルーノ・タウト

ブルーノ・タウト著『ニッポン』講談社学術文庫、一九九一年
ブルーノ・タウト著『日本文化私観』講談社学術文庫、一九九二年
ブルーノ・タウト著『日本の家屋と生活 新版』春秋社、二〇〇八年
ブルーノ・タウト著『タウト建築論講義』鹿島出版会、二〇一五年
ブルーノ・タウト著、沢良子編『図説精読日本美の再発見―タウトの見た日本』岩波書店、二〇一九年
田中辰明著『ブルーノ・タウトと建築・芸術・社会』東海大学出版会、二〇一四年

【著者略歴】
髙橋知明（たかはし・ともあき）
瀬田玉川神社禰宜
昭和50年、岩手県陸前高田市生まれ。國學院大學卒業後、神社本庁に奉職。東日本大震災を契機に退職し、植樹活動を通して東北復興に尽力。現在、東京・世田谷区の瀬田玉川神社に禰宜として神明奉仕する傍ら、一般社団法人「第二のふるさと創生協会」事務局長を務める。各地のお祭り支援と植樹活動を二本柱に、地域社会の持続へ向けた活動を展開している。

ペリー提督は吉田松陰を絶賛していた　原典で読む 外国人が見た日本

発行日　2023年12月10日　初版第1刷発行

著　　者　髙橋知明
発 行 者　小池英彦
発 行 所　株式会社 育鵬社
〒105-0023 東京都港区芝浦1-1-1 浜松町ビルディング
電話03-6368-8899（編集） https://www.ikuhosha.co.jp/
株式会社 扶桑社
〒105-8070 東京都港区芝浦1-1-1 浜松町ビルディング
電話03-6368-8891（郵便室）
発　　売　株式会社 扶桑社
〒105-8070 東京都港区芝浦1-1-1 浜松町ビルディング（電話番号は同上）
印刷・製本　サンケイ総合印刷株式会社

ISBN978-4-594-09561-1

本書のご感想を育鵬社宛にお手紙、Eメールでお寄せください。
Eメールアドレス　info@ikuhosha.co.jp